KB096220

세종,
한글로
세상을
바꾸다

세종, 한글로 세상을 바꾸다
소통과 어울림의 글자 한글 이야기

초판 1쇄 발행 2013년 7월 8일
초판 17쇄 발행 2023년 9월 2일

지은이 김슬옹 | 펴낸이 강일우 | 책임 편집 이혜선 | 펴낸곳 (주)창비
등록 1986년 8월 5일 제85호 | 주소 10881 경기도 파주시 회동길 184
전화 1833-7247 | 팩스 031-955-3399(영업) 02-6949-0953(편집)
홈페이지 www.changbi.com | 전자 우편 contents@changbi.com

ⓒ 김슬옹 2013
ISBN 978-89-364-5833-1 43910

* 이 책 내용의 전부 또는 일부를 재사용하려면
  반드시 저작권자와 창비 양측의 동의를 받아야 합니다.
* 책값은 뒤표지에 표시되어 있습니다.

세종, 한글로 세상을 바꾸다

소통과 어울림의 글자 한글 이야기

김슬옹 지음

창비

모든 소리를 담고자 했던 세종의 꿈,
훈민정음.

천지자연을 사랑하고 우주 만물의 소리를 품에 안은 임금이 있었습니다. 새가 지저귀는 소리, 바람이 부는 소리, 백성들이 주고받는 말소리, 어린이들의 웃음소리, 시장터 아줌마들의 수다 소리, 양반들이 책을 읽는 소리, 민요를 부르는 노랫소리, 그 모든 소리를 사랑했던 조선 시대의 임금이 있었습니다. 그는 자연의 소리를 듣고, 백성의 목소리를 품었습니다. 모든 백성이 문자로 자유롭게 소통할 수 있게 만든 훈민정음에 세종의 꿈을 담았습니다.

17살, 세종의 꿈을 자신의 꿈으로 간직한 소년이 있었습니다. 그는 '김용성'이란 한글 표기보다 '金庸性'이란 한자 표기를 강요하는 어른들의 마음을 이해할 수 없었습니다. 그는 우리 말과 글의 '슬기롭고 옹골찬 옹달샘'이 되고 싶어 이름을 '슬옹'으로 바꾸고는 자신의 꿈에 더욱 불을 지폈습니다.

훈민정음은 백성을 가르치고 소통하고 싶었던 세종 대왕의 모든 꿈이 영글어 나온 문자입니다. 이런 세종 임금의 벅찬 꿈을 청소년들과 함께 나누고 싶어 이 책을 썼습니다. 이 책을 통해 세종 대왕과 청소년들이 가까이에서 이야기를 나눌 수 있는 길이 열리길 모쪼록 바랍니다.

세종대왕의 꿈을 담은 이 책은 '청소년 도서상' 수상작으로 인정해 준 창비가 있었기에 출간이 가능했습니다. 저의 거친 글에서 훈민정음의 가치를 발견하고 높이 평가해 해 주신 심사위원들과 그 가치를 이어 갈 청소년들에게 이 영광을 돌립니다.

늘 힘을 실어 주는 한글 학회 선생님들, 또물또 세종 한말글 연구소 회원들, 세상과 소통한답시고 정작 중요한 가족간의 소통을 소홀히 한 가장을 품어 준 아내와 예비 독자 역할을 해 준 다현, 다찬 두 아들과도 이 기쁨을 나누고자 합니다.

이 책은 동시 작가 김응, 동화 작가 윤영선, 신연희 세 분의 알뜰한 손길 덕에 맛깔스럽게 빚을 수 있었습니다. 재미있고 예쁜 그림을 그려 주신 조경규 선생님께도 감사의 인사를 전합니다. 편집자의 눈썰미도 기립니다.

2013년 7월
한글 마루지 근처 주시경 집터 옆 연구실에서
김슬옹 씀.

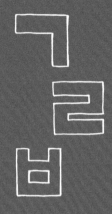

제1장

세종의 꿈

세종에게 묻다

안녕하세요, 세종 대왕님

야! 김훈민! 너 제대로 한 거 맞아?

아이고야~

맞아! 내 타임머신 '세종 7호'에 의하면 우린 1449년 10월 9일에 와 있고

저기 계신 저 분이 바로 세종 대왕이 분명하다구.

정말?

진짜 확실한 거지?

아, 글쎄 나만 믿으라니까.

저기 혹시……

조선의 4대 임금님이 맞으시죠?

그, 그렇다만……

기이한 복장 이로고!!

그대들은 누구인고?

안녕하세요. 저는 김훈민이구요

저는 윤정음입니다.

임금님께 한글에 대해 궁금한 것을 여쭙고자 미래에서 왔어요.

미래? 오호! 그래 뭐가 그렇게 궁금하나?

책과 음악을 좋아한 아이

세종은 조선의 태종 임금인 이방원과 원경 왕후 민씨 사이에서 셋째 아들로 태어났다.

조선이 세워진 지 5년째인 1397년 4월 10일, 한양 준수방 어느 저택에서 세종은 첫 울음을 터뜨렸다. 그때는 아버지 이방원이 임금이 되기 전이었으므로 궁궐 밖에서 태어나게 되었다.

그 당시에는 한양을 열두 구역으로 나눴는데, 세종이 태어난 준수방은 그중 하나였다. 준수방은 현재 서울특별시 종로구 통인동으로 추정된다. 세종이 태어난 집은 현재 남아 있지도 않고 복원하지도 않은 상태다. 다만 그 부근에 팻돌 하나만이 외롭게 서서 자리를 지키고 있다.

세종이라는 이름은 임금이 세상을 떠난 뒤에 붙은 이름이다. 어릴 때 이름은 '도(裪)'였다. '도'라는 이름에는 '복'이라는 뜻이 담겨 있다. 이도는 백성에게 복을 베푼 임금이 되었으니, 그에게 꼭 어울리는 이름이었다.

옛날에는 왕족의 이름을 함부로 부를 수 없었다. 왕을 신성시했기 때문이었다. 그래서 백성과 신하들은 이도를 '원정(元正)'이라 불렀다. '원정'이라는 이름에는 '으뜸 바름'이란 뜻이 있다. 이도는 훗날 그 이름답게 으뜸이면서 바른 글자 훈민정음을 만든 으뜸 임금이 되었다.

이도는 남달리 책을 좋아했다. 그러다 보니 책을 읽느라고 방에서 나오지 않을 때가 많았다. 그런 이도를 볼 때마다 아버지 태종은 걱정이 많았다. 사내아이가 힘차게 뛰놀며 용맹을 길러야 하는데, 허구한 날 책만 보고 있으니 걱정하지 않을 수 없었다. 태종은 하는 수 없이 아들의 방에 있던 책을 모두 감춰 버렸다. 그 뒤로 이도는 몰래 책을 봤다고 한다. 이러한 이도의 어린 시절 책 읽기 습관은 임금이 되어서도 계속 이어졌다.

이도가 책을 좋아한 까닭은 책을 통해 세상의 온갖 지식을 배울 수 있고, 바깥에 나가지 않아도 수많은 사람들과 소통할 수 있기 때문이었다.

세종 1년인 1419년 3월 27일 자『조선왕조실록』을 보면 다음과 같이 적어 놓았다.

임금은 정사에 부지런하고 천성이 글 읽기를 좋아하여 날마다 편전에서 정사를 보고 나면 경연을 열되, 상왕의 외유나 연회를 받드는 이외에는 잠깐도 폐한 일이 없었다.

한편 이도는 음악과 그림에도 뛰어났다. 세종 7년인 1425년 5월 3일 자 『조선왕조실록』을 보면 다음과 같은 기록이 있다.

임금이 되기 전 궁궐 밖에 있을 때부터 거문고와 비파, 그림에 정통하지 않은 것이 없었다.

이도는 악기 소리만 듣고도 음의 높낮이를 정확히 알아맞힐 정도였다. 임금이 된 뒤에 '정간보(井間譜)'라는 악보를 직접 만들고 작곡까지 한 것을 보면 이도의 음악 실력이 매우 뛰어났다는 것을 알 수 있다.

이도는 무엇인가를 보면 그대로 따라 그릴 수 있을 정도로 그림 실력 또한 뛰어났다. 글씨 연습을 하다가도 글씨는 고양이가 되기도 하고 난초의 부드러운 곡선이 되기도 했다. 그러다 보니 글씨 연습이 마냥 즐거울 수밖에 없었다. 이도에게는 큰형 이제와 작은형 이보가 있었다. 나중에 이도는 충녕 대군, 이제는 양녕 대군, 이보는 효령 대군이라고도 불렸다. 큰형 양녕 대군은 글씨를 잘 썼다. 작은형 효령 대군도 마찬가지였다. 그러다 보니 세 형제가 글씨 쓸 때만큼은 하나가 되었다.

임금이 된 이도

임금이 되기까지 이도의 삶은 순탄하지 않았다. 이도가 어릴 때 아버지 태종이 '왕자의 난'을 일으켜 많은 사람을 죽이고 임금이 되었기 때문이다. 이도가 열네 살 때인 1410년에는 어린 시절 함께 놀았던 외삼촌들(민무구, 민무질)까지 정치 싸움에 희생되고 말았다. 그런 상황이다 보니 이도는 피바람 속에서 어린 시절을 보내야 했다.

이도는 셋째 아들이었다. 그런데 큰형 양녕 대군이 임금이 되고 싶지 않아 왕세자 자리에서 스스로 물러났고, 작은형 효령 대군은 승려가 되었기 때문에 임금이 될 수 없었다. 이런 상황과 셋째 아들을 특별히 아꼈던 아버지 태종의 의지 덕분에 이도는 스물두 살에 왕세자가 된 것이다. 태종은 지식과 덕을 모두 갖춘 충녕 대군이 진정한 임금감이라고 생각했다.

왕세자가 된 충녕 대군은 조선이 자리 잡는 과정에서 일어났던 잔혹한 사건들을 지켜보며 자란 탓에 소통과 조화가 잘되는 나라를 만들겠다는 꿈을 품었다. 충녕 대군은 왕세자가 된 지 두 달 뒤인 1418년에 임금이 되었다. 스물두 살이라는 비교적 어린 나이였고, 준비되지 않았던 왕위에 올랐기 때문에 세종은 아버지 태종과 함께 나라를 다스리게 되었다.

사실 맏아들에게 왕위를 물려 주는 것을 법으로 삼았던 조선에서 셋째 아들 이도가 임금이 된 것은 마치 기적과도 같은 일이었다.

후손의 입장에서 생각해 보면 참으로 다행스럽고 감사할 따름이다. 이도가 임금이 되지 않았으면 훈민정음이 만들어지지 않았을지도 모르기 때문이다.

조선은 양반들이 성리학으로 이끌어 가는 나라였다. 성리학은 공자의 말씀을 따르는 유학을 더욱 발전시킨 학문이다. 성리학은 사람의 바른 도리를 중요하게 여겼다. 그것을 간결하게 정리해 놓은 것이 삼강오륜이었다.

삼강은 윗사람을 잘 섬기는 세 가지 방법을 말하며, 오륜은 사람 사이의 다섯 가지의 바른 관계를 뜻한다.

삼강은 첫째, 아들은 아버지를 섬기는 것이 근본이고(부위자강, 父爲子綱),

둘째, 신하는 임금을 섬기는 것이 근본이고(군위신강, 君爲臣綱),

셋째, 아내는 남편을 섬기는 것이 근본(부위부강, 夫爲婦綱)이라는 세 가지이다.

오륜은 첫째, 임금과 신하는 의리가 있어야 하고(군신유의, 君臣有義),

둘째, 아버지와 아들은 친함이 있어야 하며(부자유친, 父子有親),

셋째, 남편과 아내는 분별이 있어야 하며(부부유별, 夫婦有別),

넷째, 어른과 어린이는 차례가 있어야 하고(장유유서, 長幼有序),

다섯째, 벗과 벗은 믿음이 있어야 한다(붕우유신, 朋友有信)는 것이다.

세종은 삼강오륜에 따라 기강을 바로잡고 싶었지만 뜻대로 되지 않았다. 세종이 임금이 된 지 두 달이 지났을 때 사헌부에서 삼강오륜을 지키지 않는 백성이 많다는 보고가 올라올 정도였으니 말이다.

어려운 한자와 이두

책 읽기를 좋아했던 세종은 나라의 중요한 정책은 책을 통해 알리기를 좋아했다. 그래서 1427년에는 백성들의 병 치료를 위해 고려 때부터 내려오던 『향약구급방』이란 책을 다시 간행하여 널리 알리게 하였고, 1430년에는 정초 등이 지은 『농사직설』이란 책을 배포하게 하였다. 그런데 이런 책들은 모두 한문으로 되어 있어 한자를 모르는 백성들에게는 무용지물이었다. 세종은 모든 백성들이 책을 읽을 수 있다면 얼마나 좋을까 생각했다. 양반들이 백성들에게 책의 모든 내용을 하나하나 가르쳐 줄 수는 없었기 때문이었다. 한문은 배우고 익히기 어려워 여러 해를 공부해야 제대로 읽고 쓸 수 있었다. 그래서 한자의 음과 뜻을 빌려 우리말을 적는 표기법인 이두로 책을 펴낼까도 생각하였다. 1432년 11월 7일 실록에는 다음과 같은 이야기가 기록되어 있다.

비록 세상 이치를 아는 사람이라 할지라도 법에 따라 죄를 판단하게 되거늘, 하물며 어리석은 백성이야 죄를 저지른 바가 크고 작음을 어찌 스스로 알아서 고치겠는가. 비록 백성들 모두가 법을 알게 할 수는 없을지라도, 따로 큰 죄의 조항만이라도 뽑아 이두로 번역하여 반포한다면 어리석은 백성들도 범죄를 피할 수 있지 않겠는가.

다시 말해 한문보다 쉬운 이두로 법조문을 만들면 무지한 백성들도 이를 읽고 죄를 짓지 않게 되리라는 것이다. 이두는 한자를 우리말 순서에 맞게 쓰는 방법이다. 예를 들어 '철수야, 구름을 보아라.'라는 문장을 한문으로 쓴다면 '哲洙見雲(철수견운)'이라고 적어야 한다. 그러나 이를 이두로 쓰면 우선 우리말 순서대로 '哲洙雲見(철수운견)'과 같이 적고 그 사이사이에 조사 '을'이나 어미 '-아라'에 해당하는 한자를 적는다. 즉 '철수야, 구름을 보아라.'를 이두로 표기하면 '哲洙也雲乙見牙羅(철수야운을견아라)'처럼 적게 된다. 이두는 훈민정음이 생기기 전까지 한자를 이용해 우리말을 적는 방법이었지만 백성들을 위하여 이두로 번역한다고 한들 한자를 모르면 이두 역시 읽지 못하는 것은 물론이고, 한자를 아는 이들에게도 무척 복잡한 표기법이 아닐 수 없었다.

세종은 훈민정음을 창제하기 전부터 책을 통해 백성을 가르치고 백성들과 소통하고 싶었던 것이다. 즉 이런 일들로부터 새 문자에 대한 고민과 꿈을 키워 왔다고 볼 수 있다. 이러한 고민과 꿈은 소통과 조화를 중요하게 여긴 세종의 염원과 태도에서 비롯되었던 것이다.

세종의 새 문자 창제를 자극한 사건이 있었다. 1428년에 진주에 사는 김화라는 사람이 아버지를 죽인 끔찍한 사건이었다. 세종은 이런 사건을 막으려면 책을 통해 가르쳐서 백성의 근본 심성을 바꿔야 한다고 생각했다.

그래서 그해에 중국의 효자 이야기를 담은『효행록』을 개정해 보급했다. 그러나 세종의 마음은 어두웠다. 아무리 감동적인 효자, 효녀 이야기라고 한들 어려운 한자로 된 책을 제대로 이해할 수 있는 백성이 몇이나 될까 의심스러웠기 때문이다. 세종은 어떻게 하면 백성들이 쉽게 읽을 수 있는 책을 펴낼까 고민하다 밤을 지새우곤 했다.

하지만 세종의 고민과는 달리 신하들은 양반이 책을 읽고 내용을 배워 가르치면 된다는 소리만 반복했다. 세종은 백성들이 스스로 글을 읽고 깨우치기를 바랐지만, 신하들은 백성들이 스스로 글을 읽는 것을 상상도 하지 않았다. 세종은 고민 끝에 한자로 된 책을 이두로 바꿔 펴내면 어떻겠느냐고 신하들에게 제안했다. 그러자 신하들은 백성들이 이두를 익히게 되면 이두로 된 법률까지도 따져 물어 골치 아플 것이라는 반응을 보였다. 또 어떤 신하들은 이두도 어렵기는 마찬가지라 별로 효과가 없을 것이라고 말했다. 사실 당시 백성들은 천자문조차 배울 여건이 되지 못했다.

결국 세종은 삼강오륜이 담긴『삼강행실』을 마치 만화책처럼 한자로 글을 쓰고 그림을 더해 펴내도록 지시했다. 그뿐만이 아니라 중간 관리들에게 이두로 된 법률을 제대로 공부해 백성들을 공정하고 바르게 대할 것을 명했다. 그리하여 세종 14년인 1432년 6월 9일, 집현전에서 그림을 곁들인『삼강행실도』를 편찬하게 되었다.

한자를 모르는 백성을 위해 그림을 넣어 책을 만들었다고 모든 고민이 해결된 것은 아니었다. 정리되지 못한 한자음을 어떻게 표기해야 할지 고민이었다.

우리 글자가 없던 시절에 한자는 우리에게 큰 도움을 준 글자지만 우리말과 잘 어울리는 글자는 아니었다. 양반들은 한자를 잘 모르면 책을 제대로 읽고 쓸 수 없었으므로 평생 한자 공부에 매달려야 했다. 한자를 모르면 양반 구실을 제대로 할 수 없었으므로 그들에게 한자 공부는 무척 중요했다.

한자에 능통하려면 한자가 나타내는 뜻도 잘 이해해야 하지만 그 음을 제대로

삼강행실도◆ 삼강행실도 한문본을 훈민정음으로 번역하여 간행된 언해본이다. 세종 대왕 기념 사업회 소장.

읽을 수 있어야 했다. 그러나 양반들이 발음하던 한자의 독음이 중국의 원래 발음에 비해 너무 많이 변화한 데다가 그마저도 하나로 통일되지 못한 채 쓰이고 있었다.

세종은 혼란스러운 한자음을 정확하게 표기하기 위해서라도 그 발음을 제대로 적을 수 있는 새 문자가 필요하다고 생각했다. 세종이 새 문자를 꿈꾼 것은 단지 한자를 모르는 백성들을 위해서만이 아니었다. 한문에 익숙한 양반들까지 고려하여 어려워하는 한자음

표기를 정확히 하려는 고민에서도 비롯된 것이었다.

새 문자를 꿈꾸다

세종은 임금으로서 꿈이 많았다. 그 꿈은 특별하지만 당연한 것이었다. 백성은 나라의 근본이므로 백성들을 위한 나라를 만들고 싶었던 것이다.

새 나라 조선은 유학을 공부한 사대부들이 세운 나라였다. 유학은 백성을 중요하게 생각하는 학문이었지만 그렇다 해도 사대부의 특권을 지키는 것 역시 중요했기 때문에 힘없는 백성들을 위하는데 한계가 있었다.

태조, 정종, 태종 세 임금은 나라의 기반을 다지기에 바빠 백성을 위한 정치를 펼칠 수 없었다. 하지만 세종은 달랐다. 세종은 백성들이 나라에 충성하고 부모에게 효도하는 바른 사람이 되는 나라를 만들고 싶었다. 또한 백성들이 경제적으로도 풍요로운 삶을 누리는 나라를 꿈꾸었다. 그런 나라를 만들기 위해서는 백성들을 가르쳐야 했고, 백성들을 가르치기 위한 책이 필요했다.

한자나 이두로 된 어려운 책으로는 백성들을 제대로 가르칠 수 없었기 때문에 새로운 문자가 필요했고, 그렇게 해서 만든 문자가 바로 훈민정음(訓民正音)이었다. '훈(訓)'은 '가르치다'라는 뜻이고, '민(民)'은 '백성'이라는 뜻이다. '정음(正音)'은 '바른 소리'라

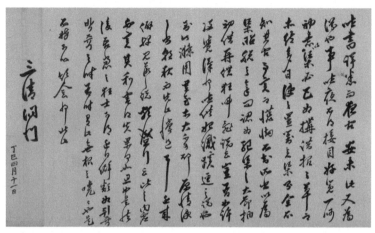

정조가 심환지에게 보낸 편지◆ 정조가 신하였던 심환지에게 보낸 한문 편지. 뒷부분에 '뒤죽박죽'이라는 한글 표기가 있다. ⓒ 성균관 대학교 동아시아 학술원 · 성균관 대학교 출판부

는 뜻인데 '정음'에는 세종의 원대한 꿈이 들어 있다. 세종은 백성들이 쓰는 모든 말소리, 백성들에게 들리는 천지자연의 온갖 소리를 바르게 적을 수 있는 문자를 만들고 싶었다. 따라서 글자의 이름에 '정음'이라는 말을 붙인 것이다.

글자는 말을 담는 그릇이다. 중국어를 담는 그릇인 한자에 우리말을 담는 데는 한계가 있었다. 한자는 뜻을 담을 수 있으나 우리말의 소리를 제대로 담을 수 없으니 우리에게는 반쪽 문자인 셈이다. 한자와 한글을 모두 잘 썼던 정조가 '뒤죽박죽'이란 우리말 표현을 한자로 적지 못해 한글로 적었던 사례가 있다. 한자로는 우리말을 제대로 표기할 수 없었던 것이다.

세종은 백성을 가르치고, 백성과 소통하고, 온갖 소리를 그대로 적고 싶어 새 문자를 만들었다. '훈민정음'이라는 네 글자에 그런

희망과 꿈과 뜻을 담았다. 그런데도 세종이 한자음만을 적기 위한 발음 기호로 쓰려고 새 문자를 만들었다든지, 『용비어천가』를 지어 왕조의 정당성을 홍보하기 위해 새 문자를 만들었다며 억측을 펼치기도 하지만 이는 맥락을 제대로 파악하지 못한 생각이다.

책으로 백성을 깨우치다

태종이 죽고 세종이 혼자 나라를 다스린 지 4년이 지난 어느 날이었다. 세종은 어전 회의에서 신하들에게 고민을 털어놓았다.

"짐이 임금이 된 지 어느덧 8년이니라. 법을 어긴 자들을 엄히 다스렸거늘 아직도 나라의 기강이 바로잡히지 않으니 참으로 답답한 노릇이구나."

"전하, 형벌을 엄격하게 한다고 해결될 수 있는 문제가 아닌 듯하옵니다. 법률을 널리 알리시어 백성들이 스스로 조심할 수 있게 하옵소서."

나이가 지긋한 영의정이 임금에게 아뢰었다.

"잘 지적하였다. 사람은 무릇 법에 따라 올바로 살아야 하는데 그 법이 어려운 한자나 이두로 적혀 있으니 백성들이 알 길이 없지 않겠느냐."

세종의 말이 끝나자마자 형조 판서가 아뢰었다.

"한자와 이두가 어렵기는 하지만 양반들이 법률을 배운 다음 아랫것들을 잘 가르치면 되옵니다."

세종은 얼굴을 잔뜩 찌푸리며 말했다.

"관리들조차 한자와 이두를 잘 모르는 경우가 많으니, 그게 문제 아니겠느냐."

신하들은 모두 고개를 바닥까지 숙일 뿐 대답을 하지 못했다.

"이조 판서는 들으라. 나라 법률에 정통한 이를 뽑아 관리들 법률 교육을 강화하도록 하라."

그때까지만 해도 세종은 관리들에게 법률 공부를 많이 시키면 된다고 생각했다. 하지만 그로부터 2년 뒤인 1428년 9월 어느 날 끔찍한 사건이 일어나고 말았다.

"전하, 참으로 입에 담기 힘든 사건이 발생하였습니다."

형조 판서가 임금에게 머리를 조아리며 아뢰었다.

"대체 무슨 일인데 그러느냐?"

"진주에서 김화라는 자가 아비를 찔러 죽였다 하옵니다."

세종과 다른 신하들은 한동안 입을 다물지 못했다.

"짐이 법을 강조하고 엄격히 형벌을 주며 다스려 왔는데 어떻게 이런 일이 벌어진단 말이냐."

"송구하옵니다."

신하들 모두 고개를 들지 못했다.

사건이 일어난 지 얼마 지나지 않아 세종은 신하들과 토론하는 자리에서 이 문제로 의견을 주고받았다.

가장 먼저 신하 변계량이 임금에게 아뢰었다.

"중국의 효자에 대한 이야기를 엮어 만든 책인 『효행록』을 널리 반포하여 백성들로 하여금 효도하고 예의를 갖추는 사람이 되게 하소서."

이번에는 또 다른 신하가 임금에게 아뢰었다.

"그동안 일벌백계로 다스려 왔는데도 이 모양이니 근본 대책을 세우셔야 할 줄 아옵니다, 전하!"

세종이 고심 끝에 신하들을 향해 말했다.

"옳은 지적이오. 어찌 법으로만 사람의 바른 도리를 지키게 할 수 있겠소. 책을 통해 가르치고 배우도록 해야 하오. 세상 풍속이 각박하여 자식이 자식 노릇을 하지 않으니, 먼저 『효행록』을 간행하여 어리석은 백성들을 깨우쳐 주도록 하시오. '효(孝)'야말로 백성들에게 가르쳐야 할, 아니 백성들이 배워야 할 가장 중요한 덕목이 아니겠소. 전에 편찬한 24명의 효행에다 20여 명의 효행을 더 넣고, 고려와 삼국 시대 때의 효행을 모두 모아 책을 펴내도록 하시오."

그리하여 궁중에 설치한 학문 연구 기관인 집현전에서는 임금의 명을 받들어 직제학(집현전의 벼슬) 설순의 책임 아래 『효행록』을 새롭게 출간하게 되었다.

억울한 백성들이 신문고를 치다

어느 날 세종은 설순이 편집한 『삼강행실도』를 물끄러미 바라보았다. 그러다 책 속 그림을 보며 문득 한 가지 생각이 떠올랐다.

"저 그림처럼 쉽게 이해할 수 있는 글자를 만들 수는 없을까?"

그즈음 세종의 머릿속에 맴돌았던 것은 신문고를 치며 억울함을 호소하던 백성들의 처절한 목소리였다.

세종은 신문고를 친 백성들에게 한결같이 물었다.

"지방 관아에 억울한 사정을 기록하여 접수하면 되는 것을 왜 신문고를 치는가?"

신문고를 친 백성들의 목소리 또한 한결같았다.

"저희 같은 까막눈이 어떻게 소장을 쓴다는 말입니까?"

세종이 다시 물었다.

"지방 관아에서 대신 써 주지 않는가?"

백성들은 답답한 심정을 털어놓았다.

"대신 써 준다 한들 읽을 수 없으니 관리들끼리 뇌물을 주고받아 사실과 다르게 기록해도 모르는 일이지요. 설령 잘 기록했다 해도 재판 과정에서 기록한 내용을 확인할 수 없으니 억울한 일을 당할 때가 많습니다."

세종은 고통스러운 듯 얼굴을 찌푸리며 중얼거렸다.

"법을 가르치는 것도 중요하지만 백성들이 억울한 사연을 쉽게 적을 수 있는 문자가 필요하구나."

세종은 백성들에게 한자나 이두를 가르쳐 억울한 사연을 적을 수 있게 해 보려고 했다. 하지만 먹고살기 바쁜 백성이 수만 가지 한자를 배워 쓰는 데는 어려움이 많았다. 그래서 세종의 고민은 깊어 갈 수밖에 없었다.

제2장

————— 새 문자 훈민정음 —————

세종에게 묻다

소리가 눈에 보이는 글자

허허허 하하하

이제 임금님께서 왜 새 문자를 만들려고 하셨는지 이해가 돼요.

갸륵한지고, 너희가 진정 나의 백성이요, 후손이로다.

임금님께서는 얼마나 쉬운 문자를 만들고 싶으셨나요?

음...

몇 개의 글자만으로 온갖 소리를 적을 수 있는 문자, 서당에 갈 수 없는 백성들이 하루아침에 배울 수 있는 문자면 어떻겠느냐?

그럼 쓰기 쉬운 도형으로 글자 모양을 만드신 거로군요!

그렇지. 그리고 글자 모양이 곧 소리를 닮도록 만들었단다.

소리를 닮은 문자라니.

멋진걸요.

글자가 소리를 닮는다니, 쉽지 않았을 것 같네요.

눈에 보이지 않는 소리를 눈에 보이는 글자로 어떻게 만든다는 건가요?

ㄱㄱ ㄱㄱ

하하하하. 소리에 대해 모른다면 쉽지 않겠지.

하지만 나는 워낙 똑똑해서 말이야.

찌 리 릿 ─

아, 그러니까 그게 그…….
닿소리들을 발음해 보면 더욱 쉽게 알 수 있단다.

에헴

그럼 홀소리 글자가 만들기 어려우셨어요, 닿소리 글자가 만들기 어려우셨어요?

글쎄다. 마치 딸 낳기가 힘든지, 아들 낳기가 힘든지 묻는 것만 같구나.

헤헤, 그렇게 되나요?

글자가 어떻게 소리를 닮을 수 있는지, 또 닿소리 글자와 홀소리 글자를 만든 과정을 설명해 주어야겠구나.

소리를 닮은 글자

시장에서 상인들이 왁자지껄 떠드는 소리, 누명을 쓴 백성이 억울한 사연을 토해 내며 울부짖는 소리, 선비들이 책을 읽고 이야기 나누는 소리, 횡 하고 지나가는 바람 소리, 흐르는 물소리, 지저귀는 새소리. 세종은 이 모든 소리를 쉽게 적을 수 있는 문자를 만들겠다고 결심했다.

세종은 새 문자를 만들기로 결심한 뒤 먼저 말소리에 주목했다. 말소리의 특성을 문자에 그대로 반영할 수 있다면 최고의 문자가될 것이라고 생각했기 때문이다. 그러기 위해 말소리를 수없이 직접 내 보았고, 다른 사람들은 어떻게 내는지를 보고 또 보았다. 왕자와 공주, 그리고 궁녀들을 불러 갖가지 소리를 내게 한 뒤 입안과 목구멍의 변화를 관찰하기도 했다. 때로는 심장의 박동을 들어 보며 허파의 숨소리가 어떻게 입 밖으로 나오는지도 세심하게 살폈다. 사람의 입안을 직접 그리면서 관찰과 실험을 거듭했다. 의원들이나 범인 잡는 관리들이 보

몽골의 파스파 문자 ◆ 원나라의 세조 쿠빌라이가 승려 파스파에게 명하여 만든 문자. 쿠빌라이가 사망한 후에는 거의 쓰이지 않았다.

는 해부학 책까지 보며 연구에 매진했다. 또한 소리에 관한 중국의 학문을 연구하고, 다른 나라 문자도 살펴보았다. 한자와 왜나라의 문자는 어떻게 다른지, 또 이들 문자는 인도 문자나 몽골의 파스파 문자와 또 어떻게 다른지, 어떤 문자가 더 뛰어난 문자인지를 끊임없이 생각하고 살폈다. 그처럼 새 문자를 만드는 일은 단순한 일이 아니었다.

사람의 말소리는 홀소리(모음)와 닿소리(자음)로 나뉜다. 이를테면 '나'에서 'ㄴ'은 닿소리요, 'ㅏ'는 홀소리다. 영어 'na'에서 'n'은 닿소리요, 'a'는 홀소리다. 일본 문자는 닿소리와 홀소리를 나누어 적지 않는다. '나, na'가 일본 문자에서는 'ナ, な'처럼 한 글자로 이루어져 있다.

세종은 많은 관찰 끝에 닿소리는 공기가 발음 기관에 닿아 나오는 소리고, 홀소리는 닿지 않고 나오는 소리라는 것을 알았다. 닿는다는 것은 공기가 자연스럽게 흐르지 않고 막히는 것을 의미한다. 그

런 점을 터득하자 닿소리 글자는 소리가 날 때 발음 기관의 모양을 본떠 만들면 되겠다고 생각했다. 그리고 같은 곳에서 나는 닿소리를 형제자매처럼 닮은 꼴로 만들면 되겠다고 생각했다. 세종은 수학을 좋아하고 도형을 잘 그리는 임금이었다. 간단한 점·선·원만으로 문자를 만들어 누구나 쉽게 쓸 수 있게 하고 싶었다.

닿소리 기본자 만들기

세종은 우선 닿소리 기본 글자 다섯 개를 만들기로 했다. 닿소리는 홀소리의 도움을 받아야 하지만 입안 어딘가에서 분명하게 발음이 나는 소리였다. 이런 소리를 적는 문자를 만들기 위해서는 닿소리를 발음할 때 공기가 어느 곳에 닿아 나오는지를 뚜렷하게 아는 것이 중요했다. 따라서 공기의 흐름과 혀의 움직임, 입술 모양 등을

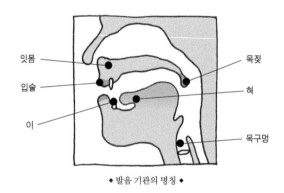

◆ 발음 기관의 명칭 ◆

자세하게 살폈다. 그 결과 입안에서는 어금니 부분과 혀의 뒷부분이 있는 여린입천장 부분, 혀끝이 닿는 이와 잇몸 부분, 두 입술 부분, 그리고 바깥에서는 잘 보이지 않지만 목구멍 부분을 기준으로 삼을 수 있다는 것을 알았다.

어금닛소리 ㄱ(기역) 만들기

세종은 입안에서 가장 활발하게 움직이는 혀를 주목했다. 먼저 혀뿌리 근처에서 나는 소리부터 글자로 만들기로 했다. 다시 말해 '가, 갸, 거, 겨' 등의 첫소리 글자다. 세종은 'ㄱ' 소리를 정확히 내기 위해 가장 약한 홀소리 'ㅡ'를 붙여 '그'라고 발

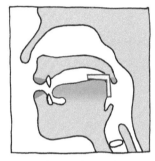

◆ ㄱ을 발음할 때 발음 기관의 모습 ◆

음하기를 거듭했다. 그랬더니 소리가 날 때마다 혀가 어떤 모양을 하는지 알 수 있었다. 이때의 소리는 목젖으로 콧길을 막고 혀뿌리를 높여 여린입천장을 막았다가 뗄 때 나는 소리다. 그렇다면 이곳에서 나는 닿소리 글자는 혀뿌리가 목구멍을 막는 모양을 본떠서 만들면 되겠구나 생각했다. 처음에는 혀뿌리의 움직임을 있는 그대로 곡선으로 그려 보았다. 그랬더니 갈고리와 비슷한 모양이 되었다. 그것을 직선만을 사용해 단순하게 그려 'ㄱ' 자를 만들었다.

혓소리 ㄴ(니은) 만들기

다음으로는 혀가 잇몸에 닿을 때 나오는 닿소리에 주목했다. 세종은 천천히, 그리고 강하게 '나비'라고 소리를 내 보았다. 곧이어 '나, 냐, 너, 녀' 등의 발음도 반복해 보았다. 또 다시 홀소리 'ㅡ'를 붙여 '느'를 발음해 보기도 했다. 혀끝이 날름거리듯 움

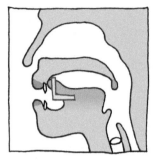

◆ ㄴ을 발음할 때 발음 기관의 모습 ◆

직이며 윗잇몸을 스쳤다. 혀끝을 잇몸에 붙였다가 떼면서 날숨을 콧구멍으로 나오게 하여 코안을 울려 나오는 소리였다. 목청을 많이 울려 내는 울림소리였다. 세종은 번개처럼 붓을 들어 혀 모양을 그리기 시작했다. 그것을 단순하게 고쳐 'ㄴ'자를 만들었다.

입술소리 ㅁ(미음) 만들기

세종은 맵디매운 마늘의 맛을 생각하고는 천천히 '마'를 발음하며 입술 모양에 주목해 보았다. 그리고 '마, 먀, 머, 며' 등을 연거푸 발음해 보았다. 입을 다물고 날숨을 콧구멍으로 내보내며 목청을 울려서 내니 소리가 정확히 나왔다. 양 입술을 살

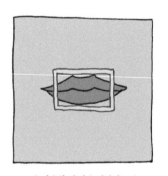

◆ ㅁ을 발음할 때 발음 기관의 모습 ◆

짝 붙였다가 떼면서 '므' 소리를 발음하니 'ㅁ'이 정확히 느껴졌다.

이렇게 소리를 낼 때 두 입술이 살짝 닫힌 입의 모양을 본떠 'ㅁ' 자를 만들었다.

잇소리 ㅅ(시옷) 만들기

다음으로는 혀가 이에 닿거나 스치며 나는 소리를 나타내는 글자를 만들기 위해 세종은 '스'를 발음해 보았다. 사뿐히 노닐던 공주를 생각하며 '사'를 발음해 보기도 했다. '사, 샤, 서, 셔'를 반복해 보면서 혀끝에 온 느낌을 집중했다. 혀끝이 잇몸이나 입천장에 거

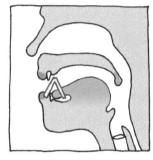

◆ ㅅ을 발음할 때 발음 기관의 모습 ◆

의 붙다시피 올라가더니 날숨이 이 사이를 비집고 스치듯 나왔다. 그래서 이의 모양을 본떠 'ㅅ' 자를 만들었다.

목구멍소리 ㅇ(이응) 만들기

기본 글자 네 자를 만들고 나서야 세종은 겨우 한숨을 돌렸다. 이제 마지막으로 바깥에서는 잘 보이지 않지만 목구멍에서 나오는 소리를 적을 수 있는 글자를 만들었다. 일단 목구멍의 둥근 모양을 본떠 동그라미를 그렸다. 그러고는 '으하하' 웃어 보았

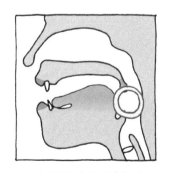

◆ ㅇ을 발음할 때 발음 기관의 모습 ◆

다. 그랬더니 목구멍이 뻥 뚫리면서 'ㅇ'소리가 나왔다. 지금은 'ㅇ'을 홀소리 글자 앞에 쓸 때에는 실제로 발음되지 않는다고 간주하고 글자의 빈 자리를 메우기 위해 쓰지만, 세종은 'ㅇ'이 홀소리 앞에 올 때 약하긴 하지만 소리가 전혀 없는 것은 아니라고 보았다. 세종은 이 소리를 목소리의 기본으로 삼아 목구멍이 동그랗게 되는 모양을 본떠 'ㅇ'을 만들었다.

세종은 닿소리 기본 다섯 글자를 만든 뒤 발음 기관이 그려진 그림 위에 각 글자를 써 보았다. 그러자 온갖 소리가 마치 오행에 따라 우주 자연을 떠도는 것 같았다. 오행은 물, 불, 나무, 쇠, 흙의 다섯 요소를 가리킨다. 세종은 사람의 몸도 작은 우주이므로 오행의 요소가 담겨 있다고 보았다. 사람의 몸이 작은 우주처럼 여겨졌다. 물(수, 水)을 먹고 자라는 것은 나무(목, 木)요, 나무를 태우는 것은 불(화, 火)이요, 그것이 재가 되면 땅(토, 土)이 되고, 땅에는 쇠(금, 金)가 있다는 것이었다.

세종은 오행의 움직임에 따라 발음 기관 다섯 곳을 적용했다. 목은 늘 축축해 물기가 많으니 물(水)에 해당된다고 보았다. 어금니는 목 위에 있으니까 물을 먹고 자라는 나무(木)에 해당된다고 보았다. 혀는 불길을 닮았으니 불(火)에 해당된다고 보았다. 이는 쇠처럼 딱딱하니 쇠(金)에 해당된다고 보고 입술은 딱딱한 쇠를 감싸고 있는 흙(土)에 해당된다고 보았다.

가획자와 이체자 만들기

세종은 닿소리의 기본 바탕이 되는 'ㄱ, ㄴ, ㅁ, ㅅ, ㅇ'을 만든 다음 각각의 형제 글자들을 만들었다. 형제 글자들을 가장 단순하게 만들기 위해 획이나 점을 더하는 방식을 사용했다. 이를 일컬어 '획 더하기(가획 원리)'라고 한다.

세종은 기본자를 만들며 그 소리에 'ㅎ'을 더하면 형제 소리가 된다는 것을 알았다. 소리를 더하여 다른 소리가 되었으니 기본자에 획을 더하는 방법으로 형제 소리 글자를 만든 것이다. 그리고 소리가 세지지는 않지만 기본자와 같은 위치에서 발음되는 다른 계열의 소리들도 형제 글자로 만들었다.

어금닛소리 형제들 만들기

제일 먼저 어금닛소리 'ㄱ'부터 가획자를 만들었다. '그'를 좀 더 세게 발음하니 자연스럽게 '크'가 나왔다. 'ㄱ'에 가로 획을 추가하여 'ㅋ'을 만들었다.

어금닛소리에는 'ㄱ'과 성격이 다른 형제가 있었다. '옹기', '엉덩이' 등에서 받침으로 쓰이는 'ㆁ'이었다. 지금은 'ㅇ'으로 쓰지만 세종이 처음 만들 때만 해도 꼭지를 붙여 썼다. 목구멍소리 'ㅇ' 위에서 나온다 하여 글자 위에 꼭지를 붙인 것이다. 'ㆁ'이 받침으로 쓰일 때는 'ㄱ'과 같은 방법으로 혀뿌리로 입천장의 뒤에 있는 여린입천장을 막는다. 그 소리는 목에서 나와 콧구멍 안으로 보내 울려 나오는 소리다. 다른 어금닛소리와 발음되는 원리는 같지만 목에서 소리가 나오므로 'ㄱ'에 획을 더하기보다 'ㅇ' 위에 획을 더해 'ㆁ'을 만들었다.

어금닛소리의 형제 소리

갈래	상형 원리	기본자	가획자	이체자
어금닛소리	혀뿌리가 목구멍을 막는 모양	ㄱ	ㅋ	ㆁ

혓소리 형제들 만들기

다음으로 세종은 혓소리의 형제 글자를 만들었다. 'ㄴ'과 같은 자리에서 나는 소리로 'ㄷ, ㅌ'이었다. 'ㄴ'은 혀끝을 잇몸에 붙였다가 떼면서 날숨을 콧구멍으로 나오게 하여 코안을 울려 나오는 소리인데, 목젖으로 콧길을 막고 혀끝을 윗잇몸에 붙여서 막았다가 떼면서 내면 'ㄷ' 발음이 되었다. 'ㄷ'에 'ㅎ' 소리를 더하면 'ㅌ' 발음이 되었다. 마침 'ㄴ'의 위가 뚫려 있어 밑 부분의 직선과 같은 길이로 획을 그어 'ㄷ'을 만들었다. 그리고 그 가운데 획을 더하니 보기 좋게 'ㅌ'이 되었다.

'ㆁ'과 마찬가지로 혓소리에도 'ㄴ, ㄷ, ㅌ'과 조금 다르게 발음하는 형제가 있었다. 바로 'ㄹ'이었다. 혀끝을 윗잇몸에 살짝 대었다가 떼면 'ㄹ' 소리가 났다. 혀의 양옆으로 공기를 흘려보내면서 울

리는 소리였다. 경쾌하고 부드러운 느낌이 나며 혀가 마치 춤을 추
듯 움직였다. 혀끝이 윗잇몸에 닿을 듯하다 떨어지는 것이 마치 혀
를 떠는 것같이 내는 소리였다. 세종은 그런 혀의 날랜 모습을 어떻
게 나타낼지 고민했다. 같은 자리에서 소리나는 형제 글자인 'ㄴ'의
모습을 바탕으로 삼았다. 그래서 'ㄴ'의 모양을 응용하여 'ㄹ'을 완
성하였다.

혓소리의 형제 소리

갈래	상형 원리	기본자	가획자	이체자
혓소리	혀끝이 윗잇몸에 닿는 모양	ㄴ	ㄷ, ㅌ	ㄹ

입술소리 형제들 만들기

다음으로 세종은 입술소리의 가획자를 만들었다. 'ㅂ, ㅍ'은 'ㅁ'
과 같은 곳에서 소리나는 발음이었다. 세종은 'ㅁ'의 형제를 어떤
모양으로 만들까 고심했다.

'ㅁ'은 입을 다물고 날숨을 코안으로 내보내며 목청을 울려서 내
는 소리였다. 하지만 'ㅂ'은 목젖으로 콧길을 막고 두 입술을 다물
었다가 벌려 입안의 공기를 밖으로 터뜨릴 때 나는 소리였다. 'ㅁ'
에 공기의 터뜨림을 더하니 'ㅂ'이 되었다. 'ㅂ'에 'ㅎ' 소리를 더하
니 거센소리 'ㅍ'이 되었다.

세종은 'ㅂ' 소리를 글자로 만들기 위해 처음에는 'ㅁ' 한가운데 획을 그어 보았다. 하지만 한자의 '날 일(日)' 자를 닮아 헷갈릴 우려가 있었다. 그다음에는 'ㅁ' 위에 수평선을 그어 보았다. 역시 두 글자처럼 보여 보기 좋지 않았다. 'ㅂ'은 'ㅁ'보다 소리의 세기가 크고 발음할 때 입술 양끝으로 섬세한 움직임이 생기는 것을 알 수 있었다. 세종은 'ㅁ' 양쪽에 획을 살짝 올려 'ㅂ'을 만들었다. 'ㅍ'은 'ㅂ'보다 'ㅎ' 소리가 더 강하게 나므로 'ㅁ' 네 모서리에 모두 획을 그어 만들었다.

입술소리의 형제 소리

갈래	상형 원리	기본자	가획자
입술소리	입의 모양	ㅁ	ㅂ, ㅍ

잇소리 형제들 만들기

다음으로 세종은 잇소리의 형제 글자를 만들었다. 'ㅈ, ㅊ'이 'ㅅ'과 같은 자리에서 나는 형제 소리였다. 이들을 자꾸 발음하다 보니 'ㅈ'은 'ㅅ'보다 소리의 세기가 더 세다는 것을 알 수 있었다. 세종은 'ㅅ' 위에 수평선을 하나 살짝 그어 'ㅈ'을 만들었다. 그리고 'ㅈ'에 'ㅎ' 소리를 더하니 'ㅊ'이 되었다. 'ㅊ'은 'ㅈ'보다 소리가 더 세게 나서 'ㅈ' 위에 획을 더하여 만들었다.

잇소리에도 다르게 생긴 형제가 있었다. 지금은 소리가 없어져 그 소리를 나타내는 글자도 더 이상 쓰지 않게 되었지만 삼각형처럼 생긴 글자였다. 'ㅅ'보다 소리가 더 약하게 나와 'ㅅ' 아래 가로 획을 그어 'ㅿ'(반잇소리, 반치음)을 만들었다.

갈래	상형 원리	기본자	가획자	이체자
잇소리	이의 모양	ㅅ	ㅈ , ㅊ	ㅿ

목구멍소리 형제들 만들기

마지막으로 세종은 목구멍소리 가획자를 만들었다. 가장 깊은 곳에서 나오는 소리라 만드는 게 쉽지 않았다. 'ㅇ'보다 좀 더 센 소리는 동그라미 위에 가로 획을 얹었다. 'ㆆ'(여린히읗)에 목청을 좁혀 세게 발음을 내니 'ㅎ' 소리가 나왔다. 그래서 'ㆆ' 위에 획을 하나 더 얹어 'ㅎ'자를 만들었다.

이렇게 해서 닿소리 글자 17자가 완성되었다. 닿소리 글자를 만들었으니 새 문자의 반이 완성된 셈이었다. 세종은 다섯 개의 작은 옹달샘에서 수많은 소리가 샘솟는 것 같아 기쁨을 감추지 못했다.

갈래	상형 원리	기본자	가획자
목구멍소리	목구멍의 모양	ㅇ	ㆆ, ㅎ

끝소리 글자 만들기

세종은 닿소리 글자 17자를 만든 뒤에도 받침(종성)으로 발음되는 글자를 어떻게 만들지 고민했다. 세종은 첫소리 글자(초성자)를 만들 때 우리말은 중국 말과는 달리 끝닿소리가 발달되어 있다는 것을 알았다. 그리고 그 끝닿소리가 첫소리와 연관되어 있다는 것도 알았다.

세종은 끝닿소리 글자를 다른 모양으로 만들까도 생각해 보았다. 하지만 그러면 글자 수가 너무 불어나 쉽게 배우지 못할 것이라고 생각했다. 세종은 '각'을 발음할 때는 끝소리가 파묻히듯이 잠기지만 홀소리 'ㅣ'가 붙으면 '가기'처럼 살아나 다시 첫소리가 되는 사실에 주목하였다. 따라서 끝소리 글자는 첫소리 글자를 그대로 다시 쓰기로 했다.

된소리 글자 만들기

기본 닿소리 글자 17자를 만들고 보니 이제 훈민정음 새 글자의 전체가 보이는 듯했다. 그러나 17자로 모든 닿소리가 표현되는 것은 아니었다. '그, 기, 가'에서 닿소리에 좀 더 힘을 주어 내니 마치 소리가 엉기듯 더 강한 소리, '끄, 끼, 까'가 나왔다. 세종은 이런 소리를 어떻게 표기할까 많은 고민을 했다. 'ㄱ'의 위에 획을 더 얹을 수도 있고 부호를 붙일 수도 있었지만 'ㄱ'에 가로 획을 더하면 'ㅋ'의 모양과 혼동될 수 있었고, 부호를 사용하는 것은 외려 표기법이 복잡해져 쉬운 글자를 만들어야 한다는 본래의 목적에도 벗어났다. 고민을 거듭한 끝에 '끄, 끼, 까' 등의 소리가 '그, 기, 가'와 전혀 다른 소리가 아니라 이들 소리를 힘주어 내는 소리임에 주목했다. 그렇다면 해당 글자를 한 번 더 나란히 쓰는 배합의 원리를 적용해 보았다. 그랬더니 'ㄲ, ㄸ, ㅃ, ㅆ, ㅉ, ㆅ'와 같이 여섯 글자가 새로 지어졌다. 이렇게 같은 글자를 다시 써서 글자를 만드는 원리를 '나란히 쓰기(병서)'라 하였다.

홀소리 기본자 만들기

홀소리는 닿소리처럼 그 모양을 잡아 내기가 쉽지 않았다. 홀소리는 특정한 발음 기관이 움직여 나오는 소리가 아니므로 닿소리처

럼 발음 기관을 본뜰 수 없었다. 다만 세종에게는 한 가지 분명한 원칙이 있었다. 우주의 모든 소리를 담을 수 있는 문자를 만들겠다는 것이었다. 사람과 땅과 하늘이 어울려 조화롭게 사는 세상, 그런 세상의 모든 소리를 담아 낼 수 있는 조화로운 문자를 만들겠다는 다짐이었다. 그런 뜻에서 '하늘, 땅, 사람' 세 가지를 홀소리 문자의 바탕으로 삼아야겠다고 생각했다.

우선, 하늘을 어떻게 그려 내느냐가 문제였다. 처음에는 하늘을 동그라미로 그려 보았다. 하지만 그렇게 되면 'ㅇ'과 똑같은 모양이 되었다. 그래서 더 크게 그려 보았으나 그 또한 여러모로 맞지 않았다. 그 순간 둥그런 느낌도 주면서 끝없이 펼쳐진 하늘의 이미지를 점(·)으로 표현하자는 생각이 떠올랐다. 또한 수평선과 수직선은 문자의 바탕이었으므로 평평한 땅은 수평선으로, 곧은 사람은 수직선으로 나타내려고 마음먹었다. 점(·)과 'ㅣ, ㅡ'는 좌우상하로 잘 어울렸다.

기본 개념이 섰으니, 이제 여기에 해당하는 홀소리의 기본 소리를 찾아야 했다. 우선 기본 홀소리를 담은 문자를 만든 다음 그것을 바탕으로 다른 소리를 나타내는 문자를 만들기로 했다.

가장 먼저 기본 홀소리를 정하는 일이 중요했다. 세종은 눈을 감고 지그시 입안을 느끼며 입 속 모양을 그려 보았다. 입을 가만히 다물었더니 혀끝이 아랫니에 닿았다. 이때 입을 살짝 벌리면서 소리를 냈더니 입술이 벌어지면서 ‘ㅣ’ 발음이 나왔다. 이 홀소리를 사람을 상징하는 ‘ㅣ’로 쓰기로 했다.

세종은 다시 입을 다물고 아랫니에 닿아 있던 혀를 떼고 살짝 소리를 내 보았다. 그랬더니 혀의 뒤쪽에서 ‘ㅡ’라는 발음이 나왔다. 입술이 살짝 열리면서 입이 양옆으로 벌어진 모양대로 수평선을 그었다. 이 홀소리는 땅을 상징하는 ‘ㅡ’로 쓰기로 했다.

‘ㅡ’와 ‘ㅣ’는 다양한 홀소리의 기준 역할을 한다. ‘ㅡ’는 입 모양의 변화가 가장 약한 홀소리로 입 모양의 바탕이 되고, ‘ㅣ’도 겹홀소리(이중 모음)의 시작 발음이 되므로 일종의 기준이 된다. ‘이아, 이우’를 각각 빨리 발음하면 ‘ㅑ, ㅠ’가 되는 것을 알 수 있을 것이다. 따라서 세종은 ‘ㅡ’와 ‘ㅣ’를 홀소리 글자를 만드는 기본 모음으로 삼았다.

기본 홀소리 글자를 만드는 데 성공한 세종은 ‘ㅡ, ㅣ’와 조화를 이루면서도 음양의 대칭을 이룰 수 있는 홀소리 글자를 찾기 위해 애를 썼다. 그것이 바로 하늘을 본뜬 ‘ㆍ(아래아)’였다. 하지만 문제는 점에 맞는 소리가 무엇인지 정하는 일이었다. 하늘을 뜻하는 모

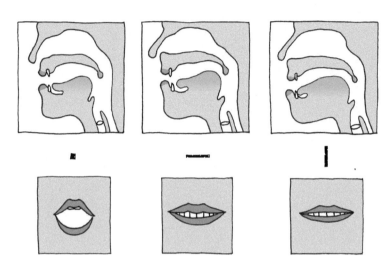

◆ ·, ㅡ, ㅣ 를 발음할 때 발음 기관의 모습 ◆

음은 좀 더 깊은 곳에서 우러나오는 발음으로 찾고자 했다. 그렇게 찾은 소리는 혀가 오그라들 때 나는 깊은 소리였다.

홀소리 글자 완성하기

이제 세 글자(·, ㅡ, ㅣ)를 바탕으로 다른 홀소리를 나타내는 글 자들을 만들어야 했다. 바로 'ㅗ, ㅏ, ㅜ, ㅓ, ㅛ, ㅑ, ㅠ, ㅕ'와 같 은 글자들이다.

세종은 하늘(·)과 땅(ㅡ)이 어우러지는 모습을 상상해 보았다.

먼저 땅을 뜻하는 수평선을 그어 보았다. 역시 수평선을 기준으로 위아래에 하늘을 뜻하는 'ㆍ'를 붙일 수 있었다. 점을 위에 붙여 혀를 조금 뒤로 끌어들이고 두 입술을 둥글게 하여 발음하는 밝은홀소리(양성 모음) 'ㅗ'를 만들었다.

그리고 하늘(ㆍ)과 땅(ㅡ)이 만나되 점을 아래에 붙여 어두운홀소리(음성 모음) 'ㅜ'를 만들었다. 'ㅜ'는 혀를 안으로 조금 끌어들이면서 혀뿌리를 높여 여린입천장에 가깝게 하고 두 입술을 둥글게 만드니 소리가 나왔다. 홀소리 가운데 입술을 오므리고 앞으로 내미는 정도가 가장 크며, 입안의 가장 뒤쪽 구석에서 나오는 소리였다.

다음으로 세종은 하늘(ㆍ)과 사람(ㅣ)이 어우러지는 모습을 상상해 보았다. 먼저 사람을 뜻하는 수직선을 그어 보았다. 그리고 보니 하늘을 뜻하는 점은 수직선을 기준으로 왼쪽과 오른쪽으로 붙일 수 있었다. 점을 바깥에 붙여 밝은홀소리 'ㅏ'를 만들었다. 'ㅏ'는 혀를 낮추고 아래위 턱을 아주 크게 벌린 뒤 입안을 넓게 하여 내는 소리이다. 혀를 조금 올리고 입을 조금 벌린 뒤 소리를 내니 입안 뒤쪽에서 소리가 나왔다. 이 소리를 'ㅓ'로 만들었다.

이렇게 하늘과 사람, 하늘과 땅을 한 번씩 어울리게 하여 'ㅗ, ㅜ, ㅏ, ㅓ'를 얻었다.

이번에는 점을 두 개씩 붙여 'ㅛ, ㅠ, ㅑ, ㅕ'를 만들었다. 'ㅛ, ㅑ'는 밝은홀소리이고, 'ㅠ, ㅕ'는 어두운홀소리이다. 이렇게 해서 홀소리 글자 11자가 완성되었다.

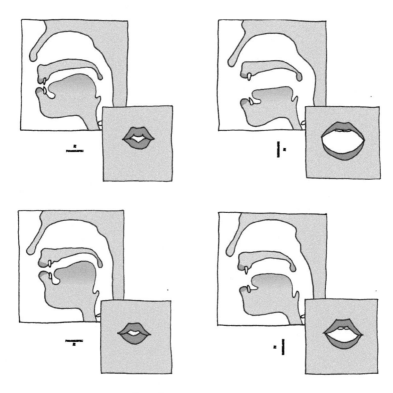

◆ ㅗ, ㅏ, ㅜ, ㅓ 를 발음할 때 발음 기관의 모습 ◆

닿소리 글자와 홀소리 글자를 모두 만들었으니, 이제 둘을 합쳐 온전한 글지를 만들면 되었다. 첫소리, 가운뎃소리, 끝소리를 합쳐 하나의 소리에 해당하는 글자를 만들었는데 어울리는 방법은 홀소리 글자 모양에 따라 'ㅏ, ㅑ, ㅓ, ㅕ' 등은 첫소리의 오른쪽에 합치고, 'ㅗ, ㅛ, ㅜ, ㅠ' 등은 아래에 합친 후 끝소리 글자가 있을 때에는 그 밑에 적어 온전한 글자를 만들었다.

세종, 피리를 연구하다

새 문자 연구에 열중하던 세종은 어느 날 피리 악공을 불렀다.

"어이하여 피리 악공을 은밀한 내전으로 부르시오니까?"

임금의 갑작스러운 명에 내시가 깜짝 놀라 물었다.

"소리에 대해 깊이 연구할 것이 있어서 그러느니라. 피리 악공에게 전해 향피리, 세피리, 당피리를 갖고 오도록 하라."

얼마 뒤 피리 악공이 피리를 늘고 와서는 임금 앞에 머리를 조아렸다.

"전하, 어인 일로 소인을 찾으셨나이까?"

"고개를 들고 내가 시키는 대로 피리를 불어 보아라. 먼저 가느다란 세피리부터 불어 보아라."

세종은 피리 악공을 부른 까닭

을 말할 수 없었다. 새 문자를 만든다는 소문이 나기라도 하면 양반들이 분명히 반대할 것이기 때문이었다. 피리는 생김새가 사람의 목과 입을 닮아 말소리를 연구하기에 좋았다. 피리에서 소리가 나는 원리는 사람이 말소리를 내는 원리와 비슷했다. 또한 피리 구멍이 다섯 개라서 입안 다섯 군데에서 나오는 닿소리가 나는 원리와 비슷하게 소리가 났다.

그날 피리 악공은 영문도 모른 채 임금이 시키는 대로 한나절 내내 피리를 불다가 돌아갔다. 그 뒤로 세종은 피리를 직접 불어 보기를 거듭했다. 거문고 연주를 잘했던 임금은 피리도 쉽게 배울 수 있었다.

이렇게 하여 훈민정음은 첫소리에 '궁상각치우'라는 전통 음계를 적용한 음악 글자가 되었다. 목에서 가장 먼 입술소리가 기본음인 '궁'에 해당되고, 그 다음에 있는 잇소리가 '상', 어금닛소리가 '각', 혀의 움직임이 큰 혓소리가 '치', 목에서 가장 깊게 나오는 목소리가 '우'가 되었다.

세종, 의원을 부르다

어느 날 세종은 내시를 시켜 시체를 검안한 경험이 있는 의원을 은밀하게 불렀다. 세종이 갑자기 의원을 부른 까닭은 사람의 발음 기관 해부도가 필요해서였다.

의원이 내전에 도착하자 세종이 의원을 향해 말했다.

"'허, 파' 하고 숨소리를 내쉬면 목구멍을 통해 입으로 나오지 않더냐? 입을 닫으면 코로 나오고."

"그러하옵니다, 전하."

세종이 다시 의원에게 물었다.

"그럼, 목에 두 개의 길이 있겠구나. 숨이 넘나드는 기도와 음식이 넘어가는 식도 말이다. 목부터 입술까지의 모양을 그릴 수 있겠느냐?"

"네, 그러하옵니다."

의원은 임금의 말에 곧장 대답했다. 그러고는 임금이 시킨 대로

그림을 그리기 시작했다. 그림이 완성되자 세종은 그림을 찬찬히
살피며 물었다.

"당연히 목 앞쪽이 기도고, 그 뒤쪽이 식도겠구나."

그러고는 그림의 한 부분을 짚으며 물었다.

"이곳은 소리가 울려 나오는 성대라고 하는 목청이구나. 목청은
무엇으로 이루어져 있느냐?"

"부드러운 뼈로 둘러싸인 막이옵니다."

세종이 이번에는 또 다른 곳을 짚으며 물었다.

"이 울대 마개의 역할은 무엇인고?"

"음식이 넘어가는 길과 숨이 넘나드는 길을 조정해 주옵니다."

그때 세종이 무릎을 치며 말했다.

"옳지. 음식이 숨길로 넘어가면 큰일 나겠구나. 매운 음식을 잘못
먹으면 기침이 정신없이 나오며 사레가 들지 않느냐?"

"그러하옵니다."

세종은 의원을 앞에 두고 궁금
한 게 무척이나 많았다. 세종이
또 새로운 곳을 짚으며 의원에게
물었다.

"이 목젖은 작은 젖처럼 생겼
구나. 정확히 무슨 역할을 하
느냐?"

세종은 새로운 것이라도 발

견한 듯 목소리에 힘이 넘쳤다.

"사실 목젖은 크게 하는 일이 없사옵니다. 다만 코 안과 입 안의 경계 구실을 합니다."

"경계만큼 중요한 구실이 또 어디 있더냐. 허허."

그날 세종은 의원이 그린 발음 기관 해부도를 보며 이것저것을 묻고 소리를 내어 보느라 목이 쉴 정도였다.

제3장

———— 훈민정음 탄생과 반포 ————

세종에게 묻다

반대를 딛고 한글을 알리다

임금님께서 새 문자를 세상에 어떻게 알리셨는지 궁금해요.

새 문자를 만드는 일도 어려웠지만 세상에 알리는 일도 쉽지 않았느니라.

왜요?

양반들이 새 문자를 반대한다면 써 보기도 전에 문자가 없어질 수도 있지 않았겠느냐?

훈민정음에 대한 신하들의 반응이 어땠는데요?

최만리 선생께서 훈민정음 창제를 심하게 반대했다고 들었는데 사실인가요?

최만리는 내가 무척 아끼던 신하였느니라.

최만리가 훈민정음 창제 자체를 반대하지는 않았단다.

아, 그렇군요.

그럼 훈민정음을 만들고 난 후, 반포를 위해 임금님께서는 어떤 일을 하셨나요?

퐁당

퐁당

깜짝이야

너희들은 반포 준비를 위해 가장 중요한 게 무엇이라 생각하는고?

인터넷 블로그에 올리나?

신문에 광고를 내나?

아냐, 아냐. 방을 써 붙였을 거야. 옛날이니까.

세종일보 한글 창제!

세종 bㅣog ㄱㄴㄷㄹ ㅁㅂ

TV 드라마에서 봤어!

에헴, 다 틀렸다.

따

◎

바로 새 문자에 대한 해설서였느니라.

훈민정음 해설서

아하

그럼 해설서에는 어떤 내용을 담았나요?

『훈민정음 해설서』가 어떻게 되어 있는지 궁금해요.

허허허

녹음 준비 완료!

너희들이 이해하기에는 어려운 내용이 많으니, 중요한 내용만 이야기하자꾸나.

훈민정음을 세상에 알리다

유네스코 세계 기록 유산으로 지정된 『조선왕조실록』에는 조선 시대 각 임금이 했던 업무가 기록되어 있다. 이 중 『세종실록』 1443 년 12월 30일 자에 훈민정음에 대한 최초의 기록이 나온다.

이달에 임금이 언문(한글의 옛 이름) 28자를 친히 만들었다.

그 글자 모양은 옛 글자인 고전(古篆)을 모방하였고 초성(첫소 리 글자), 중성(가운뎃소리 글자), 종성(끝소리 글자)으로 나누어졌는데, 그것을 합쳐야만 글자가 이루어지며 한자나 우리말과 관련된 것 을 모두 쓸 수 있다.

글자는 간단하지만 마음대로 바꿔 쓸 수 있다.

이를 '훈민정음(백성을 가르치는 바른 소리글자)'이라고 한다.

"이달에~만들었다."라는 실록 기록을 통해 한글 창제 시기가 1443년 12월이라는 것을 알 수 있지만 한글을 완성한 정확한 날짜는 나와 있지 않으니 알 수가 없다. 문자는 어느 날 갑자기 완성되는 게 아니므로 특정 날짜를 못 박을 수는 없었다. 특히나 세종은 비밀리에 창제를 추진하였기에 오늘날의 기자 회견 같은 거창한 발표를 하지 않았다. 다만 새 문자를 만드는 일을 이해하는 몇몇 신하들에게 알렸을 뿐이다.

세종이 새 문자를 비밀리에 만들 수밖에 없었던 데에는 몇 가지 중요한 까닭이 있었다. 첫째는 한자를 하늘처럼 떠받드는 양반들을 자극하지 않기 위해서였다. 만일 문자 창제 계획을 미리 알렸다면 양반들의 반대에 부딪혀 새 문자를 만들 수 없었을 것이다.

둘째는 연구에 집중하기 위해서였다. 세종은 한글 창제를 알리기 6년 전부터 행정 업무를 왕세자의 도움을 받아 처리하며 문자 연구에 몰두했다. 새 문자를 발명하기 위해서는 온갖 책을 봐야 했고, 많은 실험이 필요했다. 세종이 아무리 뛰어나다 하더라도 세상에 떠벌리며 문자를 만들었다면 문자에 집중할 수 있는 시간과 여유를 마련할 수 없었을 것이다.

세종이 비밀리에 문자를 만든 마지막 이유는 명나라 때문이다. 명나라는 주변국을 문화적으로 압박하고 있었다. 그러나 세종은 한자가 아닌 문자를 업신여기는 명나라가 조선이 새 문자를 만든다 한들 신경쓰지 않을 것이라고 생각했다.

'언문(諺文)'은 훈민정음의 다른 명칭으로, '일반 백성들이 쓰는 쉬운 문자'라는 뜻이었다. 세종도 이 명칭을 주로 썼고 특별한 때만 '훈민정음'이란 명칭을 썼다. 그러나 양반들이 '언문'을 훈민정음을 깔보는 용어로 쓰다 보니 낮춤말로 쓰이게 되었다. 훈민정음은 '백성들을 가르치는 바른 소리글자'라는 뜻이다. 세종은 진심으로 백성들과 소통하고 싶어 했다. 그렇게 하기 위해서는 백성들이 글을 읽고 쓸 줄 알아야 하고 이를 도와줄 쉬운 문자가 필요했다.

실록에 기록된 '고전'은 현대에도 의견이 매우 분분하여 어느 한 가지로 단정하기는 어렵다. 여러 의견이 제시되었지만 결정적인 견해가 없어 아직도 훈민정음의 연구 과제 중 하나로 남아 있다.

흔히 세종이 집현전 학사들과 함께 훈민정음을 창제한 것으로 아는데 사실은 그렇지 않다. 기록에서 알 수 있듯 1443년 12월에 훈민정음 창제가 끝났고, 집현전 학사들의 도움을 받은 것은 반포 준비부터다. 앞에서 이야기했듯이 신하들과 공동으로 창제했다면 반대 세력에게 알려져 창제 자체가 어려웠을 것이다.

훈민정음 창제를 알린 날에서 2년 9개월이 지난 1446년 9월 초순에 세종은 『훈민정음』이란 책을 통해 백성들에게 훈민정음을 반포했다. 이때가 세종의 나이 50세였다. 세종은 4년 후 생을 마감했는데 통치의 끄트머리에 문자가 창제되고 보급되었던 것을 알 수 있다. 세종은 1430년에 농사에 대한 지식을 모아 놓은 책 『농사직설』을 간행했고, 1434년에 6진을 설치해 국방 문제를 해결했으며 같은 해에 물시계를 만들게 해 백성들의 생활을 편리하게 했다. 이렇듯 세종은 임금으로서 해야 할 일을 모두 끝낸 뒤에 문자 창제에 성공했다.

현재 북한은 훈민정음을 창제한 날을 기준으로 하여 '훈민정음 기념일'로 삼고 있으며, 우리는 『훈민정음』이란 책을 통해 한글을 반포한 날을 기준으로 하

◆ 북한의 '훈민정음 기념일' ◆
1월 15일: 훈민정음을 창제한 날을 기준으로 삼아 '훈민정음 기념일'을 정함.

◆ 대한민국의 '한글날' ◆
10월 9일: 훈민정음을 반포한 날을 기준으로 양력으로 계산함.

여 '한글날'로 삼고 있다. 북한은 음력 1443년 12월을 양력으로 환산했고, 남한은 음력 9월 초순의 마지막 날인 1446년 9월 10일을 양력으로 환산하여 기념일을 정했다.

최만리와 훈민정음 반포 반대 상소

최만리는 집현전 부제학을 지낸 학사다. 흔히 최만리가 훈민정음 창제 자체를 반대했다고 하는 의견도 있지만 역사적 맥락으로 보아 최만리는 '반포'를 반대한 것으로 보는 것이 좋다. 훈민정음 창제

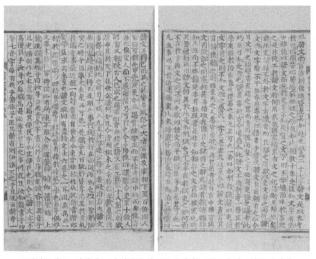
조선왕조실록◆ 최만리 등의 신하가 상소를 올렸다는 내용이 기록된 부분이다.

는 1443년 12월이고 최만리 등의 신하들이 반대 상소를 올린 것은 1444년 2월 20일이다. 그러니 이미 훈민정음이 창제된 뒤에 반대 상소를 올렸던 것이다. 그리고 최만리 혼자 상소를 올린 것이 아니라 신석조, 김문, 정창손, 하위지, 송처검, 조근 등과 함께 올렸다. 이들을 훈민정음을 반대한 나쁜 사람으로 여기는 것은 옳지 않다. 이들이 왜 훈민정음 보급을 반대했는지 그 까닭을 따져 보면 될 일이다. 오히려 이런 반대 상소 덕분에 세종이 새 문자를 창제한 까닭이 자세히 드러났다. 또한 그들 덕분에 훈민정음 해설서(『훈민정음』 해례본)를 더 잘 만들 수 있었으니 어찌 보면 고마운 일을 한 셈이다.

이들이 훈민정음 보급을 반대한 이유는 세 가지였다.

첫째, 이들은 훈민정음 창제가 명나라를 떠받드는 사대주의에 어굿나며 한자를 모르는 오랑캐가 하는 짓으로 보았다. 한자를 배우고 한자로 된 책을 읽는 길만이 명나라와 그 문화를 배우는 방법이라는 것이다. 그들은 오직 그것이 바른 길이라 보았다. 그 당시 우리나라와 같은 작은 나라가 살아남기 위해서는 강대국을 고려하는 태도도 매우 중요했다. 그래서 세종은 신하들의 반응에 특별히 대꾸하지 않았다. 다만 훈민정음을 보급해 중국의 원음에 비해 많이 달라져 혼란스러운 한자 발음을 바로잡아야 한다며 설득했다. 명나라의 문화 중에서 따를 것은 따르되 우리 것을 지켜 나가자는 것이었다. 세종은 정치와 관련된 일에서는 강대국인 명나라의 비위를 맞췄다. 하지만 문화와 관련된 일에서는 철저히 우리의 자존심을 지켜 나갔다.

이들이 훈민정음 보급을 반대한 두 번째 이유는 훈민정음이 학문의 도구가 되지 못하고 오히려 방해만 된다고 생각했기 때문이다. 앞서 이야기한 것처럼 양반들은 한자로 된 책을 배우는 것만이 진정한 공부라고 보았다. 이에 대해 세종은 문자라는 것이 학문만을 위해 필요한 것이 아님을 강조했다. 세종은 백성들이 편리하게 문자를 사용하는 것도 중요하게 여겼다.

셋째, 신하들은 백성이 억울한 일을 당하는 것은 죄인을 다루는 관리가 공평하지 못한 탓이지 백성들이 문자(한자)를 몰라서가 아니라고 했다. 이에 대해 세종은 훈민정음을 통해 억울하게 누명을 쓴 백성이 스스로를 구제할 수 있다며 맞섰다.

이렇듯 훈민정음 반포와 관련해서 몇몇 신하들의 의견이 세종과 달랐지만 세종은 그들을 차분하게 설득해 반발을 막았다. 훈민정음 반포 반대 상소는 최만리와 몇몇 신하들이 함께 올린 상소 한 건뿐이었다. 그만큼 많은 양반들이 반대하지 않았다는 뜻이다.

양반들이 굳이 훈민정음을 반대하지 않은 이유는 네 가지였다.

첫째, 훈민정음은 임금이 직접 만든 문자였기 때문이다. 그것도 보통 임금이 만든 것이 아니라 정치를 매우 잘하고 덕이 높은 임금이 만든 것이니 반대할 이유를 찾지 못했던 것이다.

둘째, 양반들은 훈민정음을 하층민과 여성을 가르치기 위해 만든 문자로 여겼기 때문이다. 오히려 한자를 아는 자신들의 권위를 높이는 데 사용될 수 있는 문자라고 생각해 반대하지 않았다.

셋째, 훈민정음은 양반들에게도 도움이 되었다. 훈민정음은 한자 음을 정확히 알려 주어 한자로 된 책을 읽는 데에 도움이 되었기 때문에 반대할 필요가 없었다.

넷째, 세종이 훈민정음으로 조선 왕조의 정당성을 노래한 『용비어천가』를 지었기 때문이다. 그 당시 『용비어천가』를 부정하면 대역죄를 짓는 일이라 양반들은 훈민정음을 함부로 반대할 수 없었다.

훈민정음을 가르치다

세종은 훈민정음 창제를 신하들에게 알린 뒤 두 가지 중요한 일을 시작했다. 첫째는 훈민정음을 많이 사용할 하급 관리들을 모아 새 문자를 실험하고 교육하는 일이었다. 최만리의 반대 상소에는 다음과 같은 내용이 담겨 있다.

> 여러 사람의 이야기를 들어 보지도 않고 갑자기 십여 명의 서리들에게 언문을 가르쳐 익히게 하며, 옛날 사람들이 이미 만들어 놓은 한자 발음 사전을 경솔하게 고치고, 언문을 억지로 갖다 붙이고, 기능공 수십 명을 모아 인쇄하여 급하게 반포하려 하시니, 후대 사람들이 이 일을 어떻게 받아들이겠습니까?

최만리가 지적한 일들은 창제를 알린 지 두세 달 사이에 일어났다. 상소의 내용만 봐도 세종이 새 문자를 반포하기 위해 얼마나 서둘렀는지 알 수 있다. 여기서 서리는 하급 관리를 말한다. 하급 관리는 일반 백성이나 하층민을 상대로 하는 사람들이므로 이들이 먼저 한글을 배워 백성들에게 가르쳐 보급하도록 한 것이다. 여기서 우리는 세종의 사려 깊은 보급 정책을 엿볼 수 있다.

또 다른 중요한 일은 훈민정음 해설서 집필을 위해 전문 학자들에게 연구하게 한 것이었다. 해설서를 펴내기 위해서는 소리 연구에 관한 중국의 책 『운회(韻會)』를 올바로 이해하는 것이 제일 중요했다. 세종은 최항, 박팽년, 신숙주, 이선로, 이개, 강희안 등에게 『운회』를 한글로 번역하라는 명을 내렸다. 이들은 모두 훈민정음 해설서 집필에 참여한 신하들이다.

1444년 2월 16일부터 2월 20일까지 4일간 『운회』 번역을 맡은 학사들과 반포를 반대하는 학사들 모두 긴급 모임을 갖고 바삐 움직였을 것이다. 하지만 반포를 반대한 사람들은 결국 뜻을 이루지 못했고, 세종은 뜻대로 해설서 작업과 훈민정음 반포를 위한 철저한 준비 작업을 진행했다.

훈민정음 해설서 준비 작업이 쉽지만은 않았다. 특히 중국 책 연구는 국내에 전문가가 많지 않아 더욱 어려웠다. 그러던 중 1445년 새해가 밝았고 세종에게 기쁜 소식이 전해졌다. 중국의 저명한 음운학자 황찬이 요동으로 귀양을 와 있다는 소식이었다. 세종은 음운 이론에 밝은 신숙주와 성삼문, 통역을 담당할 손수산을 급히 불러 요동으로 보냈다. 요동까지 가고 오는 데만 몇 달이 걸렸지만 요동을 오가기를 무려 일고여덟 번이나 했다. 그런 어려운 과정을 거쳐 훈민정음 해설서 『훈민정음』 해례본이 완성되었다.

『훈민정음』 해례본을 만들다

세종은 1446년 9월 초순에 드디어 훈민정음 해설서를 펴냈다. 책 이름은 문자 이름 그대로 『훈민정음』으로 정했다. 책 이름과 문자 이름을 혼동하는 경우가 있어 책을 가리킬 때는 '훈민정음 해례본'이라고 불렀다. 훈민정음의 원대한 뜻을 해설한 부분이 '해례'였기 때문이다.

세종이 직접 펴낸 원간본은 오랜 세월 묻혀 있다가 1940년에 경

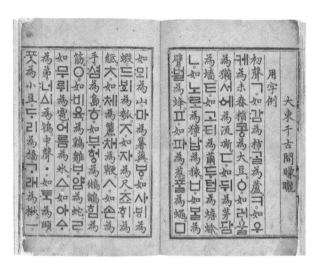

『훈민정음』해례본 ◆ 훈민정음의 창제 동기와 목표, 원리가 한문으로 해설되어 있다. 간송 미술관 소장.

상북도 안동에서 발견되었다. 이 책을 간송 전형필 선생이 사들여 지금은 간송 미술관에서 보관하고 있다.

이 책은 발견 당시 처음 두 장이 찢겨 있었다.『훈민정음』해례 본의 복원은『조선왕조실록』과 세조가 1459년에 펴낸 언해본(『훈민 정음』해례본을 한글로 풀어 쓴 것) 덕분에 가능했다. 1446년 9월에 펴낸 『훈민정음』해례본 가운데 세종 서문과 예의, 그리고 정인지 서문 을 사관이 실록에 재수록하였기 때문이다.

세종은『훈민정음』해례본을 목판본으로 펴냈다. 몇 권을 찍었는 지 기록에 남아 있지 않지만『용비어천가』를 550권이나 찍어 펴냈 고 목판본은 활자본에 비해 많은 책을 빠르게 찍어 낼 수 있었으므 로 적지 않은 책을 인쇄해서 널리 알렸을 것이다. 세종은 훈민정음

시험을 하급 관리 채용에 도입하였으므로『훈민정음』해례본을 많이 인쇄했을 것이라는 추론이 가능하다.

　『훈민정음』해례본은 과학적이면서도 치밀하고 다층적인 구조를 갖추고 있다. 그것 또한 세종의 전략이었다. 훈민정음 창제 동기와 목표를 비롯하여 창제 원리를 낱낱이 밝혀 놓은 이 책, 1997년 유네스코 세계 기록 유산으로 지정된 이 책의 내용을 살펴보자.

『훈민정음』해례본의 구조

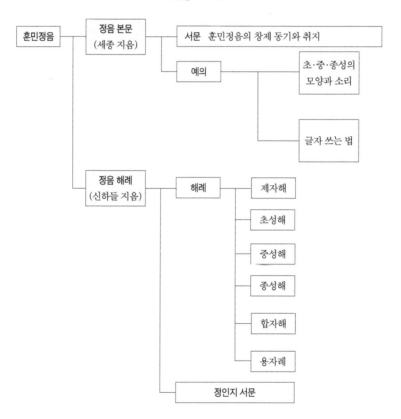

이 책은 세종과 신하들(정인지, 최항, 박팽년, 신숙주, 성삼문, 강희안, 이개, 이선로) 모두 아홉 명의 공저 방식으로 쓰였고 세종이 쓴 부분인 정음(正音)은 서문과 예의로, 신하들이 쓴 부분인 정음 해례(正音解例)는 해례와 정인지 서문으로 나뉜다. 전체로 보면 앞뒤로 서문이 있고 가운데는 새 문자 예시와 설명이 있는 셈이다. 곧 세종 서문을 자세히 풀어 쓴 것이 정인지 서문이고, 세종이 쓴 간략한 28자의 예를 자세히 풀어 쓴 것이 해례 부분이다.

세종이 지은 부분과 신하들이 세종의 명으로 해설한 부분은 여러모로 구별된다. 세종이 직접 지은 부분은 '정음', 신하들이 해설한 부분은 '정음 해례'라고 되어 있으며 쪽수 역시 각각 따로 매겨져 있다.

세종이 직접 쓴 예의 부분은 크게 두 부분으로 되어 있다. 먼저 새 문자 28자 예와 분류가 나오고 그 다음으로는 글자 쓰는 방법이 나온다. 글자 쓰는 방법은 다시 끝소리 글자 쓰는 방법, 가벼운입술소리 쓰는 법, 첫소리와 끝소리 표기 방법, 음절을 이루는 법, 음의 높낮이 표기법으로 나뉜다.

먼저 세종이 쓴 정음 본문 가운데 가장 중요한 서문을 읽어 보자.

훈민정음, 해례본 서문

| 해례본 (1446) | 國之語音異乎中國與文字不相流通. 故愚民有所欲言而終不得伸其情者多矣.
予爲此憫然新制二十八字欲使人人易習便於日用耳. |

훈민정음 언해본 (1459)	나랏:말ᄊᆞ·미 中듕國·귁·에 달·아 文문字·ᄍᆞ·와·로 서르 ᄉᆞᄆᆞᆺ·디 아·니ᄒᆞᆯ·ᄊᆡ ·이런 젼·ᄎᆞ·로 어·린 百·ᄇᆡᆨ姓·셩·이 니르·고·져 ·ᄒᆞᇙ ·배 이·셔·도 ᄆᆞᄎᆞᆷ:내 제 ·ᄠᅳᆮ·을 시·러 펴·디:몯ᄒᆞᇙ ·노·미 하·니 ·라 ·내 ·이·ᄅᆞᆯ 爲·윙·ᄒᆞ·야:어엿·비 너·겨 ·새·로 ·스·믈여·듧 字·ᄍᆞ·ᄅᆞᆯ ᄆᆡᇰ·ᄀᆞ노·니:사ᄅᆞᆷ:마·다:ᄒᆡ·여:수·ᄫᅵ 니·겨 ·날·로 ·ᄡᅮ ·메 便뼌安ᅙᅡᆫ·킈 ᄒᆞ·고·져 ᄒᆞᇙ ᄯᆞᄅᆞ·미니·라

『훈민정음』해례본 서문을 현대어로 번역해 보면 다음과 같다.

우리나라 말이 중국과 달라 한자와는 서로 통하지 않으므로 어
리석은 백성이 말하고자 하는 바가 있어도 끝내 제 뜻을 펴지 못
하는 사람이 많으니라. 내가 이것을 가엾게 여겨 새로 스물여덟
글자를 만드니, 모든 사람들로 하여금 쉽게 익혀서 날마다 쓰는
데 편하게 하고자 할 따름이니라.

— 한글 학회 편(1998),『훈민정음』, 해성사.

위의 세종 서문을 정인지가 자세히 풀어 놓았다. 정인지는 천지
사방의 풍토가 다르고, 이에 따라 말소리도 다르다면서 중국의 글
자를 빌려 쓰는 것은 마치 둥근 구멍에 모난 자루를 끼우는 것처럼
어긋나는 일이라고 했다. 따라서 각각 그 실정에 맞는 문자를 써야
지 억지로 같게 하여서는 안 된다는 것이다.

그리고 죄를 다스리는 관리들이 한자로는 죄인들의 자세한 사정
을 담을 수 없어 무척 괴로워한다고 했다. 신라 때부터 써 온 이두조
차도 쓰고 싶은 내용을 온전히 적을 수 없어 답답하다는 것이다. 하

지만 훈민정음으로 재판을 다루면 속사정을 자세히 기록하여 이해할 수 있다고 했다.

또한 정인지는 훈민정음에 음악을 따라 천지 만물의 이치를 담았으니, 28자를 가지고도 변화와 생성이 끝이 없고 응용할 바가 많아 바람 소리, 학의 울음소리, 닭의 울음소리, 개 짖는 소리도 모두 적을 수 있다고 했다. 따라서 슬기로운 사람은 하루를 마치기도 전에 깨칠 것이요, 어리석은 사람이라도 열흘이면 배울 수 있다고 했다.

해례 부분은 모두 여섯 부분으로 이루어져 있다. 다섯 가지의 '해설'과 한 가지의 '예시'로 이루어져 '해례'라고 부른다. 맨 앞의 '제자해'는 글자를 만드는 원리와 기준을 설명하고 있는데, 장중하게 시작하는 첫 문장은 훈민정음의 진실을 보여 주고 있다.

> 하늘과 땅의 이치는 하나의 음양오행뿐이다. 곤괘와 복괘의 사이가 태극이 되고, 움직이고 멎은 뒤가 음양이 된다. 무릇 어떤 생물이든 하늘과 땅 사이에 있는 것은 음양을 두고 어디로 가랴? 그러므로 사람의 말소리도 모두 음양의 이치가 있건마는 생각건대 사람들이 살피지 않을 뿐이다. 이제 정음을 만든 것도 처음부터 지혜로써 경영하고 힘써 찾아 낸 것이 아니라, 다만 그 소리에 따라서 그 이치를 다하였을 뿐이다. 이치가 이미 둘이 아닌즉 어찌 하늘과 땅과 귀신으로 더불어 그 운용을 같이 하지 않을 수 있겠는가?
>
> ― 한글 학회 편(1998), 『훈민정음』, 해성사.

천지자연의 음양 이치가 사람의 말소리에 담겨 있고 그 이치를 말소리에서 찾아 문자에 반영했다고 설명하고 있다. 이를 바탕으로 2장에서 살펴본 28자의 창제 원리를 설명하고 있는 부분이 '제자해'이다.

다음 '초성해', '중성해', '종성해'에서는 각각 첫소리 글자, 가운 뎃소리 글자, 끝소리 글자를 설명했다. '초성해'에서는 자음이 쓰인 예를 해당 자음이 쓰인 한자어와 함께 보여 주고 있다.

첫소리 글자 사용법('초성해')에 쓰인 자음의 일부

ㄱ	ㅋ	ㄲ	ㆁ
君(군)	快(쾌)	虯(끃)	業(업)

각 닿소리 글자가 첫소리로 오는 한자를 예로 들어 설명하고 있다.

'중성해'에서는 가운뎃소리를 설명하고 있다. '종성해'에서는 끝소리의 원리와 첫소리 글자 가운데 8자(ㄱ, ㄴ, ㄷ, ㄹ, ㅁ, ㅂ, ㅅ, ㅇ)만을 끝소리에 다시 쓰는 원리인 '8종성가족용'을 설명하고 있다.

'합자해'에서는 초·중·종성이 합해져서 글자가 됨을 설명하고 있다. 마지막으로 글자의 사용 예를 '용자례'에서 설명하고 있다.

◆ 'ㄱ'이 첫소리로 올 때　◆ 'ㅗ'가 가운뎃소리로 올 때　◆ 'ㄱ'이 끝소리로 올 때

:감 (柿)　　　·논 (水田)　　　닥· (楮)

첫소리, 가운뎃소리, 끝소리 글자가 쓰인 예를 들고
한자로 뜻을 알 수 있도록 해 놓았다

　다른 나라의 문자를 본떠 지었다거나, 창호지를 바른 나무 문살을 본떠 지었다는 등의 추측만 난무하던 한글 창제의 원리가 『훈민정음』 해례본의 발견으로 정확히 밝혀지게 되었다. 발견되는 과정에서 생긴 웃지 못할 일들은 물론, 최근 도난 사건으로 화제가 된 '상주본'까지 수많은 일화가 전해 내려오고 있다. 책 한 권이지만 연구할 내용이 아직도 많아 오늘날에도 현대의 한글 학자들이 심혈을 기울여 연구 중이다.

다섯 번째 이야기

가상 토론: 훈민정음 창제와 보급

1444년 3월 어느 날, 집현전 세미나실에서 토론회가 열렸다. '훈민정음 창제와 보급'이라는 주제로 이야기를 나누는 자리였다. 토론에 참석한 사람들은 임금과 신하들, 그리고 잡지 『새누리』 편집장이었다. 사회는 『새누리』 편집장 '다통달'이 맡았고, 토론자로 '세종'과 '최만리'가 나왔다. 최만리는 집현전 학사로 훈민정음 사용을 반대하는 상소를 올렸다.

사회자가 인사말과 함께 토론의 시작을 알렸다.

사회자 바쁘신 중에도 훈민정음의 창제, 반포와 관련해 마련한 토론 자리에 참석하신 여러분께 감사의 말씀을 드립니다. 먼저 최만리 선생께서 어떤 연유로 상소를 올리게 되셨는지 한 말씀 해 주시기 바랍니다.

최만리자 헛기침을 몇 차례 하더니 입을 열었다.

최만리 조선은 예로부터 대국을 섬기며 중국의 제도를 따라왔습니다. 그런데 임금께서 언문을 지으시니 참으로 놀라지 않을 수 없습니다. 언문의 형상은 비록 고전과 비슷한 점이 있으나 음을 쓰고 글자를 합하는 원리는 비교적 새로운 것입니다. 이 일이 만일 명나라에라도 알려지면 어찌 감당하려고 그러시는 겁니까?

사회자 최만리 선생께서는 새 문자가 중국과의 외교에 나쁜 파장을 미칠까 봐 염려하시는 것 같습니다. 임금께서는 이 점을 어떻게 생각하십니까?

세종 훈민정음을 반포하여 사용한다고 우리가 중국의 제도를 버리게 되는 것은 아닙니다. 또한 명나라는 한자가 아닌 문자를 업신여기므로 새로운 문자 때문에 중국과 외교적 마찰은 일어나지 않을 것입니다.

세종의 말이 끝나자마자 최만리가 흥분하며 말했다.

최만리 그렇다 해도 이두가 있는데, 뭐하러 새 문자를 만들려고 하십니까?

세종 비록 우리에게 오랫동안 써 온 이두가 있기는 하나 불편함이 없다고 말하지 못할 것입니다. 이두는 아쉬운 대로 문자를 빌려 쓰는 것이지, 우리말에 맞는 문자를 쓰는 것이라고 보기 어렵습니다. 다만 훈민정음과 이두 모두 조금이나마 백성들을 편하게 하려고 만든 것입니다. 내가 훈민정음을 만든 또 다른 이유는 백성들의 억울함을 덜어 주려는 것입니다.

세종의 말이 끝나자 사회자가 끼어들었다.

사회자 임금께서 말씀하시는 백성들의 억울함이
란 어떤 것입니까?

세종 백성들은 사람의 목숨이 오가는 일에
도 소장에 적힌 글자를 알지 못해 원통한
일을 당합니다. 하지만 언문으로 직접
써서 읽게 하면, 어리석은 사람이라도 모
두 사정을 다 쉽게 알아들어 억울함을 품
을 사람이 없을 것입니다. 그리고 또 다른 심각한 문제는 한자
는 중국의 원래 발음과 소리가 달라져 뜻을 서로 통하는 데 어
려움이 있다는 것입니다. 그러니 문자를 깨우치지 못한 백성은
말할 것도 없고 이두를 깨우친 관리들도 한자가 어렵기는 마찬
가지입니다.

세종의 말이 끝나자마자 최만리가 반론을 펼쳤다.

최만리 그렇지 않습니다. 예로부터 중국은 말과 글이 같아도 옥
사로 인한 소송에서 억울하게 잘못되는 일이 많았습니다. 옥에
갇혀 있는 죄수가 지신의 범죄 사실을 진술한 기록을 이두로
된 글자로 읽고 허위인 줄 알면서도, 매를 견디지 못하고 항복
하기도 합니다. 사정이 이러한데 언문을 쓴다고 무엇이 달라지
겠습니까?

사회자가 최만리의 이야기를 정리했다.

사회자 최만리 선생께서는 아무리 창조적이고 합리적인 문자가

만들어졌다 해도 그 문자를 쓰는 사람이 성숙하지 못하면 그 문자는 제 기능을 다하지 못한다는 이야기를 하신 것 같습니다.

최만리 네, 그렇습니다. 성숙한 사람이 되려면 성현의 문자인 한자를 배워야 합니다. 관리들이 언문으로 일을 수월하게 집행한다 할지라도, 한자를 알지 못하면 담벼락을 대하는 것처럼 사리의 옳고 그름에 어두울 것입니다.

최만리의 이야기를 들은 세종은 답답한 마음을 달래려고 한숨을 내쉬었다.

세종 그 생각은 하늘이 무너질까 걱정하는 마음과 같습니다. 밤낮으로 일하는 백성들이 언제 문자를 깨우칠 수 있을 것이며, 사리 분별이 어둡다 한들 그것이 어찌 문자를 몰라서라고 말할 수 있겠습니까.

서로의 의견이 팽팽히 맞서자 사회자가 다른 질문을 했다.

사회자 우리나라 주변국인 몽골, 여진, 일본 등의 나라도 자기 나라의 문자를 쓰고 있는 것으로 압니다. 그렇다면 사용하는 데 큰 문제는 없을 것 같은데, 또 다른 문제점이라도 있는 걸까요?

최만리가 기다렸다는 듯 재빨리 대답했다.

최만리 네, 문제가 또 있지요. 언문은 분명 새롭고 창조적인 문자입니다. 그렇다 해도 임금께서 여러 사람과 의논하지도 않고 갑자기 인쇄하여 급하게 반포하려 하니, 그 뒷감당을 어찌할지 걱정입니다.

사회자 최만리 선생께서는 새 문자가 급하게 만들어져 반포되는 것을 걱정하시는 듯합니다. 임금께서는 이 의견에 대해 반론을 제기하시겠습니까?

세종 세상에 드러내 보이지 않았다 하여 이 일을 성급하다 할 수는 없습니다. 나는 꾸준히 공부하며 백성들과 문자로 소통하고 싶어 했는데 그것에 대해 아무런 언급을 하지 않았다고 해서 급하게 글자를 만들었다는 말은 옳지 않습니다. 또한 여러 사람과 의논하지 않은 것은 다 이유가 있습니다. 집현전 학사 김문은 언문을 만들지 못할 게 없다고 해 놓고 지금은 안 된다고 합니다. 이처럼 의견이 분분하고 아침에 한 말과 저녁에 하는 말이 다르니 언제 때를 기다려 뜻을 이루겠습니까? 이미 언문을 이룬 마당에도 반발이 있는데, 모든 일의 시비를 물어 행하면 내 살아생전에 이 일을 이루기는 어려울 것입니다.

세종의 말에 사회자가 고개를 끄덕였다.

사회자 말씀을 듣고 보니 임금께서 겪으신 어려움을 이해하게 됩니다. 세자께서도 이번 새 문자 창제에 깊이 관여하신 것으로 알고 있습니다.

이 말을 듣고 최만리가 재빨리 이야기를 꺼냈다.

최만리 그 일은 심히 걱정되는 일입니다. 세자께서는 아직은 성인의 학문인 유학을 마음에 두고 깨우치지 못한 것을 연구하셔야 합니다. 다른 것은 만에 하나라도 정치하는 도리에 유익함이 없을 뿐 아니라 생각을 허비하며 학업에 손실을 끼치는 일입니다.

최만리의 말에 세종이 버럭 화를 내며 말했다.

세종 내가 이제 늙어 국가의 서무를 세자의 도움을 받습니다. 세자가 새 시대를 이끌 성군이 되려면 나라 안에서 일어나는 많은 일들을 경험해야 합니다. 그러니 앞으로 편찬할 언문의 창제 과정에 관여하는 것은 당연한 일입니다.

사회자가 분위기를 가라앉히며 말했다.

사회자 두 분 모두 진정하십시오. 이제 토론을 마칠 시간이 되었으니 각자 자신의 의견을 마무리할 시간을 드리도록 하겠습니다. 먼저 최만리 선생께서 한 말씀 해 주시기 바랍니다.

최만리 만일 언문을 이대로 보급한다면 관리들이 언문만으로도 출세할 수 있다고 여기고, 성리학을 공부하지 않을 것입니다. 이렇게 되면 학문을 숭상하고, 가르쳐서 감화시키는 오랜 전통이 점차로 없어질 것입니다. 그러니 새로운 문자 보급을 다시 한 번 심사숙고해 주시길 바랍니다.

세종 제가 오늘 이 자리에 나온 것은 훈민정음 반포를 반대하는 사람들의 의견을 경청하기 위해서였습니다. 그런 점에서 제게 이 자리는 뜻있는 자리였습니다. 한 가지 분명한 점은 새로운 문자의 필요성과 보급에 대한 제 의지가 확고하다는 것입니다. 훈민정음을 백성들에게 널리 알려 마른 땅에 물이 스미듯 백성들의 목마름을 가시게 할 것이며, 그들이 눈을 뜨게 하여 바르게 가르칠 것입니다.

마지막으로 사회자가 토론의 끝을 알렸다.

사회자 우리는 이 자리에서 새 문자에 대한 양측의 의견을 모두 들을 수 있었습니다. 하지만 양측 의견의 합의점을 찾기는 쉽지 않아 보입니다. 이것으로 새 문자 창제와 보급에 관한 토론을 마치겠습니다.

이제 바야흐로 온 백성이 정보를 공유하는 새로운 지대가 열린다. 그리고 훈민정음 창제는 조선의 개국 이래로 가장 큰 사건이 될 것이다. 이번 토론에서는 백성들이 눈을 뜨게 하여 새로운 시대를 만들겠다는 임금의 의지에 무게가 실렸다.

세종은 최만리와 논쟁이 있은 뒤 최만리를 비롯해 신석조, 김문, 정창손, 하위지, 송처검, 조근 등의 신하를 의금부에 감금했다가 이튿날 석방했다. 또한 정창손은 파직하고, 김문은 반포를 앞두고 말을 바꿨으니 그 죄를 엄히 조사하라는 명을 내렸다.

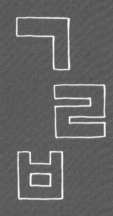

제4장

—————— 훈민정음 보급을 위한 노력 ——————

세종에게 묻다

세종의 노력

훈민정음을 반포한 뒤로 많은 일을 하셨을 것 같아요.

어떤 일들을 하셨는지 궁금해요.

그래, 할 수 있는 모든 노력을 기울였노라. 훈민정음이 잘 보급되려면 임금인 내가 먼저 모범을 보여야 하지 않겠느냐.

내가 직접 훈민정음으로 국가 공문서를 작성하기도 하고, 시험도 치르고, 책도 쓰고……

시험도 치르셨다고요?

그랬지. 하급 관리 과거에 도입했느니라. 그러니 이런 국가 시험만큼 새 문자를 보급하기에 좋은 기회가 어디 있겠느냐.

미래의 대학 입학 시험 같은 것이니라

정말 그렇겠네요.

시험이 중요한 것은 예나 지금이나 마찬가지였나 보네요.

임금님께서 훈민정음으로 직접 책도 지으셨다고 들었습니다.

어떤 책을 지으셨는지 궁금합니다.

음

『월인천강지곡』
이라는 책을
지었단다.

주옥 같은
책이지.
에헴─

하지만 그 전에
내 아들
수양 대군이 지은
『석보상절』에
주목해야 하느니라.

나도 그 책을 보고
『월인천강지곡』을 지었으니까.

엇? 저는 훈민정음으로 쓴 최초의 책은
『용비어천가』이고, 최초의 음운서는
『동국정운』이라고 들었는데요.

저두요.

내 아들이
지어서가 아니라
정말 좋은
책이란 말이지

그래,
그 말이 맞지.

양반들은 두 책을
보지 않으면
안 되었으니까.

네

한글을
보급하기 위해
정말 많은
일들을
하셨네요.

그래, 내가
말하지 않았느냐.
내가 할 수 있는
모든 노력을
기울였다고.

최초의 훈민정음 공문서 사건

세종은 훈민정음을 반포한 다음 어떻게 널리 보급할지를 고민했다. 그러다 임금인 자신이 직접 훈민정음으로 공문서를 작성하여 모범을 보이자고 생각했다. 벌을 주는 사람은 공평해야 하고, 벌을 받는 사람은 억울함이 없어야 하기 때문에 공문서에는 죄의 내용을 자세히 적을 필요가 있었다. 그런데 한자나 이두로는 죄의 내용을 시시콜콜 자세히 적기 어려웠다.

1446년 10월 10일, 세종은 관리들이 지은 죄와 처벌 내용을 담은 공문서를 훈민정음으로 직접 작성하여 의금부와 승정원에 내려보냈다. 조선 시대에는 주요 행정 공문서를 한자로 썼다. 훈민정음이 창제된 뒤에도 이런 관례는 거의 바뀌지 않았다. 그렇기 때문에 세종이 이런 모범을 보였다는 것은 훈민정음을 만든 임금이었다 할지라도 상상하기 힘든 일이었다. 그만큼 세종은 자신이 만든 문자에 대한 자부심이 컸고, 훈민정음을 보급하기 위해 애를 많이 썼다.

조선 시대의 의금부와 승정원은 국가의 핵심 권력 기관이었다. 의금부는 왕의 특명으로 죄인을 다스리는 특별 재판소와 같은 기관이었고, 승정원은 왕의 비서 기관으로 임금의 명령을 전달했다.

세종이 훈민정음으로 작성한 첫 공문서는 죽은 소헌 왕후를 기리는 불교 행사 개최를 반대한 관리들에게 벌을 주라는 내용이었다. 조선은 사대부들의 나라였다. 사대부들은 공자의 학문인 유학을 섬기는 사람들이라 불교에 비판적일 수밖에 없었다. 하지만 세종은 이미 많은 사람들이 의지하고 있는 불교를 무조건 반대할 수 없었다.

훈민정음 반포 6개월 전(1446년 4월) 중전이었던 소헌 왕후가 세상을 떠났다. 세종은 중전의 명복을 빌기 위해 많은 노력을 기울였다. 수양 대군에게 석가모니의 일대기를 담은 『석보상절』을 한글로 쓰게 하였고, 여러 가지 불교 행사를 통해 죽은 중전의 넋을 위로했다. 같은 해 10월에 대자암(현재의 경기도 고양시)에서 불교 행사를 크게 열려고 했다. 하지만 몇몇 관리들이 이 행사를 반대하고 나섰다. 조선은 유교 국가였으므로 관리들이 불교 행사를 반대하는 것은 어찌 보면 당연한 일이었다. 그러나 세종은 관리들이 수양 대군에게 『석보상절』을 쓰게 한 일은 찬성해 놓고 그보다 일의 경중이 가벼운 불교 행사 개최를 반대하니 일관성이 없다며 관리들에게 죄를 물었던 것이다.

한자나 이두로 작성된 공문서에만 익숙하던 의금부와 승정원 관리들은 훈민정음 공문서가 낯설었다. 하지만 관리들은 훈민정음 공문서를 보면서 새 문자의 힘에 놀라고 말았다. 한자나 이두로 작성된 공문서는 우리말로 번역해 겨우 이해했는데, 훈민정음으로 쓰인 공문서는 마치 임금의 이야기를 그대로 들려주듯 생생하게 전달되었다. 임금이 지적한 관리들의 잘못이 무엇인지 정확히 알 수 있었던 것이다.

언문청과 과거

조선 시대 관리들은 훈민정음을 한자를 배우기 위한 발음 기호 정도로만 여길 뿐 글을 쓰는 데는 사용하지 않았다. 그런 분위기 탓에 『훈민정음』 해례본 집필에 참여한 집현전 학사들조차 훈민정음을 쓰지 않았다.

세종의 생각은 달랐다. 세종은 훈민정음으로 백성들과 진정한 소통을 원했다. 직접 훈민정음으로 공문서를 쓰게 된 것도 그래서였다. 그러나 세종의 노력에도 불구하고 이런 시도들은 새 문자에 힘을 불어넣는 데에는 한계가 있었다. 고민 끝에 세종은 새 문자를 보급하는 전문 관청을 세우고 훈민정음으로 국가시험을 치르기로 했다.

세종은 훈민정음 반포 두 달쯤 뒤인 1446년 11월 8일 '언문청'을 설치했다. 언문청에서 하는 일들이 조금씩 틀이 잡히자 세종은 하급 관리들을 뽑을 때 훈민정음을 시험 과목으로 넣었다. 훈민정음이 반포된 지 3개월밖에 안 된 때라 어렵게 느껴지면 공부를 더 하지 않을까 봐 닿소리 글자와 홀소리 글자를 합쳐 글자를 만들 수 있으면 합격 점수를 주었다.

그다음 해인 1447년 4월 20일에는 훈민정음을 부분적으로 과거의 한 과목으로 적용하고 여기에 합격한 사람에게만 다른 시험을 보게 했다. 세종은 이렇게 일부 관리 시험에 훈민정음을 필수 과목으로 정해 반드시 공부하게끔 만들었다.

백성을 위한 『석보상절』과 『월인천강지곡』

세종은 훈민정음을 보급하기 위해 어떤 책을 펴내야 할지 고민이었다. 평소에도 세종은 뜻을 이루기 위해 어느 한 가지 방법만을 고집하지 않았다. 오히려 여러 가지 방식으로 목표를 이루는 데 남다른 재주가 있었다. 세종은 훈민정음으로 백성과 양반의 호응을 모두 얻는 책을 펴내고 싶었다.

세종은 '사서'나 『삼강행실』과 같은 유교서를 훈민정음으로 펴내고자 했다. 또 오랜 시간 백성들과 가까웠던 불교를 다룬 책도 훈민정음으로 펴내고 싶었다.

『석보상절』 ◆ 한글로 석가모니의 일대기를 풀이한 책이다. 국립 중앙 도서관 소장.

세종은 집현전 학사였던 직제학 김문에게 사서를 훈민정음으로 번역하게 했다. 사서는『논어』,『맹자』,『중용』,『대학』을 통틀어 이르는 말이다. 김문은 훈민정음 보급 반대 상소에 참여한 죄로 벌을 받았으나 세종은 이를 용서하고 중책을 맡겼다. 하지만 안타깝게도 김문은 사서를 다 번역하지 못하고 원인 모를 병으로 갑자기 세상을 떠났다. 세종은 그 뒤로 경상북도 상주를 다스리던 김구를 한양으로 불러들여 번역을 맡겼다. 하지만 번역 일은 쉽지 않았다. 사서에 담긴 학문 자체가 어려워 한 사람의 실력으로 번역하는 것이 쉽지 않은 일이었다. 그래서 세종은 유교 경전을 번역하는 일이 뜻대로 되지 않자 불교 서적을 번역하는 일에 더 매달렸다.

유교 국가에서 불교 서적을 먼저 펴낸 것이 이상하다고 생각할 수 있지만 그럴 만한 이유가 있었다. 조선 시대에는 유교를 기본 정신으로 삼았으나 그렇다고 천 년 넘게 내려온 불교가 하루아침에 없어지지는 않았다. 세종은 불경을 훈민정음으로 번역한다면 백성

들이 좋아할 것이고 훈민정음이
더 널리 퍼질 수 있을 것이라고
믿었다. 양반들도 사회적으로
는 유교를 중요하게 여기면서
도 가정에서는 불교를 따르고
있었다. 불교를 따르는 마음은
양반이나 백성들뿐 아니라 왕실
사람들도 별반 다르지 않았다.

『월인천강지곡』◆ 세종이 석가모니의 공덕을 찬양하여 지은 노래를 실은 책. 상권만 전한다. 교과서 박물관 소장.

　세종은 유교로 나라를 다스리
던 임금이었으나 불교를 존중했다. 더욱이 훈민정음을 창제한 1443
년 무렵 세종과 소헌 왕후는 건강이 좋지 않았다. 그러다 보니 더욱
더 불교에 마음을 의지하게 되었다.

　세종의 둘째 아들인 수양 대군 또한 부모의 영향을 받아 불교를
좋아하고 불교에 대해 많이 알고 있었다. 그래서 세종은 수양 대군
에게 훈민정음으로 된 불교 서적을 쓰게 하여 소헌 왕후의 명복을
빌었다. 그 책이 바로 1447년에 펴낸『석보상절』이다.『석보상절』은
불교 경전을 비롯한 여러 책에서 석가모니의 일대기를 뽑아 한글로
자세히 풀어 쓴 책이다.

　세종은 수양 대군이 쓴『석보상절』을 보고 매우 흐뭇해하며, 세
종 역시 직접 책을 썼다. 그것이 1447년에 펴낸『월인천강지곡』이
다.『월인천강지곡』은 석가모니의 가르침을 달에 비유한 책으로 제
목에는 "달이 천 개의 강에 비추듯 석가모니의 가르침이 널리 퍼지

게 하는 노래"라는 뜻이 담겨 있다.

한자의 음을 표기할 때 『석보상절』은 한자를 앞에 두고 그 뒤에 훈민정음 표기를 실었지만, 『월인천강지곡』은 한자 앞에 훈민정음을 내세워 편집한 책이다. 『석보상절』은 산문인 반면 『월인천강지곡』은 운문이라 실제 노래로 불리기도 했다. 세종은 『석보상절』과 『월인천강지곡』을 통해 훈민정음이 널리 퍼지기를 기원했을 것이다.

사대부를 위한 『용비어천가』와 『동국정운』

세종은 일반 백성만을 위해 훈민정음을 만들지 않았다. 훈민정음은 양반들에게도 필요한 문자라고 생각했다. 그렇기 때문에 세종은 새 문자를 알리고 양반들을 설득하기 위해 양반을 대상으로 한 『용비어천가』와 『동국정운』을 펴내었다.

세종은 『용비어천가』를 통해 이루고 싶은 목적이 많았다. 『용비어천가』는 훈민정음을 보급하는 역할도 했지만 동시에 조선 왕조의 정당성을 노래했다. 또 후대 임금들에게는 제대로 정치하라는 지침서가 되기도 했으며, 중국과 조선의 역사에 대한 상세한 내용을 담아 놓은 역사책이기도 했다. 세종은 『용비어천가』의 가사를 짓기 위해 많은 노력을 기울였다. 훈민정음을 창제하기 전부터 경상도와 전라도 관찰사에게 선조들의 업적을 조사하게 했을 정도다.

『용비어천가』의 제목은 '용이 하늘에서 나는 것을 노래함'이라는

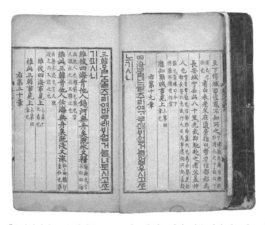

『용비어천가』 ◆ 훈민정음으로 쓴 최초의 작품이다. 서울 역사 박물관 소장.

뜻이 담겨 있다. 여기서 '용'은 임금을 뜻한다. 1장을 보면 "해동(우리나라)에 여섯 용이 날았다."라고 적혀 있다. 그 여섯 용은 세종의 아버지 태종(이방원), 할아버지 태조(이성계), 그리고 그 윗대인 목조, 익조, 도조, 환조를 말한다. 그러니까『용비어천가』는 조선 왕조의 정당성을 백성들에게 알리려 했던 노래이다. 특히 양반들을 설득하기 위해 만들었던 만큼 자세한 해설은 모두 한자로 썼다. 임금이 조선 왕조의 정당성을 훈민정음으로 기록한 이상 양반들이 함부로 새 문자를 반대할 수 없었을 것이다.

1447년 10월 16일 세종은『용비어천가』550권을 제작해 신하들에게 널리 읽혔다. 결국『용비어천가』를 통해 조선 사대부들은 훈민정음이란 문자의 가치를 인정할 수밖에 없었다.

『용비어천가』2장에는 "뿌리 깊은 나무는 바람에 아니 흔들리고,

『동국정운』 ◆ 우리나라의 한자음을 새로운 체계로 정리한 최초의 음운서이다. 간송 미술관 소장.

샘이 깊은 물은 가뭄에 아니 그친다"라고 적혀 있다. 이는 조선 왕조가 오랫동안 번영하길 바라는 마음을 담은 것이다. 비록 조선 왕조는 역사 속으로 사라졌지만 훈민정음은 이러한 바람처럼 현재까지 쓰이고 있다.

세종은 모든 소리를 적을 수 있는 문자를 만든 만큼 바른 소리(정음, 正音)에 대한 책을 만들고 싶었다. 그 책이 바로 1448년에 펴낸 『동국정운』이었다. '동국(東國)'은 '우리나라', '정운(正韻)'은 '바른 소리'라는 뜻이다. 다시 말해 우리나라의 바른 소리를 적기 위한 일종의 한자 발음 사전이었다. 그전까지 중국의 대학자들조차 그들의 발음을 제대로 적지 못해 왔다. 발음을 적지 못하면 문자를 익히지 못하므로 그들은 한자의 발음을 한자의 음을 빌려 적었다. 예를 들면 이런 방식이었다. 동녘 동(東)의 발음은 '동'인데 이를 표기하기 위해 '德紅切(덕홍절)'이라 적었다. 이를 쉽게 풀어 보면 '동'의 발음은 '덕'의 'ㄷ' 발음과 '홍'의 'ㅎ' 발음을 합친 것이라고 설명하는 방식이다. 이렇게 힘들고 어렵게 적은 발음 표기를 세종은 '동'이라고 아주 간단하면서도 쉽게 적을 수 있는 표기법을 만든 것이다. 이로써 우리나라의 한자음을 체계적으로 정리할 수 있었다. 한자를 아는 양반들을 위한 책이었으므로 훈민정음으로 한자의 발음을 적고 설명을 한자로 달았다. 세종은 『동국정운』을 성균관, 사부학당과 같은 교육 기관에 보내 참고하며 공부하게 했다.

훈민정음 벽서 사건

세종이 훈민정음을 백성들에게 알린 지 3년 뒤에 양반 관리를 비판하는 글이 벽에 나붙었다. 훈민정음으로 쓴 실제 벽서는 남아 있지 않지만 그 내용이 『조선왕조실록』에 한자로 기록되어 있다. 이를 한글로 번역해 보면 다음과 같다.

ᅙᅡ 졍스아 쏘 공ᄉ를 망령되이 ᅙ디마라.
(하 정승아, 또 나랏일을 그르치지 마라.)

벽서를 누가 붙였는지는 모르지만, 양반이 아닐 가능성이 높았다. 양반들은 불만이 있으면 한자로 상소를 써서 올렸기 때문이다.

벽서를 쓴 사람은 훈민정음을 잘 알던 하급 관리였을 것이다. 세종이 하급 관리를 뽑는 시험 과목에 훈민정음을 넣으라고 명을 내렸기 때문에 하급 관리들은 훈민정음을 익힐 수밖에 없었다. 또한 세종의 노력 덕에 책이나 문서와 관련된 일을 하는 관청과 언문청, 인쇄소를 중심으로 훈민정음이 빠르게 퍼져 나갔다. 훈민정음이 보급된 지 3년 만에 언문 벽서 사건이 일어난 것은 놀라운 일이었다. 하급 관리들이 훈민정음으로 글을 쓸 만큼 훈민정음을 잘 배웠다는 것을 말해 주는 사건이었기 때문이다. 그런 면에서 벽서를 붙인 사람은 훈민정음을 적극 사용한, 숨어 있는 또 다른 공로자인 셈이다.

이렇듯 훈민정음은 양반들을 비판하기 위한 수단으로도 사용되었다. 소통을 위해 생겨난 문자로서 쉽고 정확하게 뜻을 나타낼 수 있으니 다양한 구실을 하는 문자가 된 것이다.

여섯 번째 이야기

훈민정음 반포의 숨은 공신,
신미 스님

세종은 글자에 대해 공부하면서 신미 스님의 도움을 많이 받았다. 불경이나 인도 문학 등에 쓰인 소리글자인 인도의 산스크리트 어를 연구할 사람이 필요했기 때문이다. 신미 스님은 불경뿐 아니라 인도의 산스크리트 어도 잘 알았기 때문에 다음과 같이 상상해 볼 수 있다.

어느 날 세종이 복천암에 있는 신미 스
님을 불렀다.

"짐은 불교 서적을 번역해 백성들에게 널리 읽히고 싶노라."

"전하께서 백성을 위해 하시는 일이라면 무엇이든 돕겠습니다."

신미 스님은 승려 신분이라 집현전 학사

로 일할 수 없었다. 그렇지만 세종과 가까이 지내며 불경을 번역하는 일을 도맡아 했다. 수양 대군이 『석보상절』을 지을 때나 세종이 『월인천강지곡』을 지을 때도 곁에서 도움을 주었다. 『석보상절』이나 『월인천강지곡』은 불교와 부처에 대한 지식이 꼭 필요한 책이었다. 신미 스님은 임금과 왕자에게 불교와 부처에 대해 가르쳐 주기도 하고 때로는 토론을 하면서 집필을 도왔다.

어느덧 세월이 흐르고 세종이 많이 쇠약해져 병상에 누워 있을 때였다. 어느 날 세종은 신미 스님을 불렀다.

신미 스님이 입궐하여 세종 곁으로 가까이 다가앉았다. 세종은 신미 스님에게 윗사람을 대하듯 예를 갖추었다.

"스님께서 나라를 위하고 세상을 이롭게 하신 공을 잊지 않겠습니다."

신미 스님은 세종이 세상을 떠난 뒤에도 수많은 불경을 훈민정음으로 번역했다. 조선 8대 임금인 예종 때는 훈민정음으로 상소까지 올릴 만큼 훈민정음의 실제 사용에 앞장섰다.

하급 관리들 신바람이 나다

수양 대군과 안평 대군은 총명함이 남달랐던 세종의 아들이었다. 특히 수양 대군은 훈민정음으로 된 서적도 남기는 등, 그 업적이 적지 않다. 세종과 두 아들들을 상상하면 다음 이야기와 같은 상상도 해 볼 수 있지 않을까 한다.

1444년 1월 어느 날, 세종은 둘째 아들 수양 대군과 셋째 아들 안평 대군을 집무실로 불렀다.

"어서들 오너라. 서리들 훈민정음 교육은 어찌 되어 가고 있느냐?"

세종이 아들들에게 물었다.

"아바마마, 저희들이 크게 할 일이 없사옵니다. 서리들 대부분이 한나절도 안 돼 훈민정음 28자를 깨우치고 자신들의 이름을 적었사옵니다."

수양 대군이 먼저 보고했다.

"아바마마께서 적어 주신 28자와 실제 조합하여 적어 주신 낱말들을 보고 금방 익히고들 있사옵니다."

이어서 안평 대군이 말했다.

"심지어 이렇게 쉬운 문자도 문자냐고 반문하는 사람도 있었사옵니다."

수양 대군이 덧붙여 말했다.

"그런데 새 문자를 정식 반포도 하지 않았는데 어찌하여 서리들 교육을 서두르시옵니까?"

안평 대군이 아버지 세종에게 물었다.

"그들이야말로 각종 공문서를 작성하는 사람들 아니더냐? 그러니 그들이 먼저 언문을 잘 배워 써야지 백성들한테도 두루 퍼질 것 아니겠느냐?"

아들들은 아버지 세종의 말을 듣고 아버지의 마음을 더욱 깊이 새겼다.

그즈음 궁 안에서는 새 문자를 놓고 여기저기서 쑥덕거리는 소리가 들렸다.

어느 날 서리 서넛이 모여 이야기를 나누는데 한 서리가 입을 열었다.

"임금님께서 만드신 새 문자

는 참으로 신기한 문자일세. 껄껄거리는 웃음소리까지 그대로 적을 수 있지 뭔가."

또 다른 서리가 맞장구를 치며 말했다.

"자네도 그렇게 느꼈나? 마치 소리가 글자로 환생한 것 같네. 모든 백성들이 이 문자를 배우면 이 세상은 어찌 될까?"

새 문자에 대한 이야기는 서리들을 통해 조심스럽게 궁궐 곳곳에 퍼져 나갔다.

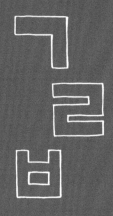

제5장

한글의 우수성

세종에게 묻다

한글의 우수성을 보여 주마!

자, 이제 한글이 어떻게 만들어지고 전해졌는지 알겠느냐?

깜짝 놀랐네! 이야!

네~

우리의 문자가 있다는 게 무엇보다 자랑스러워요.

그래, 참 기특하구나.

저도요!

미래의 내 후손들도 한글의 우수성을 잘 알고 있겠지?

아니... 저기 그게...

에헴

사실 그렇지 않아요. 다들 우수한 줄은 알지만 구체적인 내용은 모르는 후손도 많이 있답니다.

영어 학원에서 영어 공부하느라 바 빠요

한글이 배우기 쉬운 소리글자라는 것은 알지만, 정확하게 어떤 점이 뛰어난지는 잘 모르겠어요.

그래도 영어는 어려워서 싫어

허허, 그렇게 설명해도 모른다는 말이냐!

답답한 지고~!

각 분야의 전문가를 만나 한글이 어떻게 우수한지 확인해야겠어요.

그래! 전문가를 만나 이야기를 들으면 좀 더 이해가 잘될 것 같아.

한글은 누구나 쉽고 빠르게 배울 수 있단다. 얼마나 가르치고 배우기 쉬운지 이야기해 줄게.

ㄱㄴㄷㄹ
ㅁㅂㅅㅇ

교육학자

한글은 디지털 기계에 잘 어울리는 최고의 문자란다. 컴퓨터나 휴대 전화를 예로 보여 줄까?

과학자

한글은 다른 문자와 비교할 수 없을 정도의 독창성을 갖고 있는 문자란다.

발명왕

한글은 소통의 문자란다. 소통에서 중요한 것은 서로를 배려하는 마음이지. 한글은 세종이 약자인 백성들을 배려해 만든 문자이기 때문에 진정한 소통의 문자라고 할 수 있단다.

언어 학자

옳거니! 다들 옳은 말이로고!

하하하

자, 그럼 한글의 우수성을 자세히 알아볼까?

세계가 극찬한 우리 문자

'세종(7365 Sejong, 1996 QV1)'은 화성과 목성 사이의 소행성으로 1996년 일본의 천문학자 와타나베 가즈오가 처음 발견하였다. 그는 도쿄 천문 대학교 후루카와 기이치로 교수의 추천을 받아 자신이 발견한 별의 이름을 '세종'이라고 붙였다. 세종 대왕 탄신 600돌을 기념해 이뤄진 일이다. 가깝고도 먼 나라인 일본의 학자가 붙인 이름이라 그 사연이 더욱 궁금하다.

발견한 별에 다른 나라 왕의 이름을 붙인 까닭을 묻는 기자들의 질문에 와타나베 가즈오는 지금까지 세종보다 대단한 임금을 본 적이 없다고 대답했다. 그는 알렉산더 대왕은 다른 나라를 정복하며 살생하는 데 앞장섰지만 세종 대왕은 백성을 위해 문자를 만든 군주였다고 설명하며 세종이 세상에서 가장 위대한 임금이라고 생각했다는 것이다.

우리가 세종의 한글 창제와 반포 정신을 되새기고 기려야 하는 이유이기도 하다. 누구나 표현할 권리와 자유를 이야기할 때, 문자를 통한 소통은 가장 고귀한 가치요, 정신일 것이다.

이 세상의 모든 문자는 그 나름의 역사와 가치를 지니고 있다. 따라서 어느 문자가 다른 문자보다 더 우수하다고 평가할 수는 없다. 그러나 문자가 가져야 할 이상적인 가치와 특성은 있게 마련이다. 해당 언어의 특성을 반영한 과학성, 다른 문자가 넘볼 수 없는 독창성, 누구나 쉽게 배울 수 있는 보편성을 가진 문자라면 우리는 그 문자를 우수하다고 할 수 있을 것이다.

소설 『대지』, 『살아 있는 갈대』로 유명한 소설가 펄 벅은 "한글은 24개의 알파벳으로 이루어진 세계에서 가장 단순한 문자 체계이지만 한글을 조합하면 어떤 언어라도 표기할 수 있다. 세종 대왕은 한국의 레오나르도 다빈치"(Buck, P.(1963), Historical Note 『The Living Reed』, The John Day Company, 13~16쪽)라고까지 극찬했다.

훈민정음을 천지자연, 우주 자연의 문자라고 한다. 그것은 자연과 사람의 말소리에 담긴 이치를 반영하여 문자를 만들었기 때문이다. 세종은 음악, 천문, 철학 등의 연구를 통해 자연의 이치와 말소리의 이치를 분석했고 그것을 바탕으로 문자를 만들었다.

이런 측면을 다섯 가지 큰 특징으로 정리해 보자.

말소리를 정확하게 적을 수 있는
과학 문자

한글은 말소리가 나올 때의 발음 기관의 모양과 발음 원리를 바탕으로 만들어졌다. 닿소리 글자는 말소리가 나올 때의 발음 기관의 모양을 본뜨고, 홀소리 글자는 말소리 성질에 음양의 원리를 반영해 만들었다. 그에 비해 한자를 만든 방법은 크게 세 가지다.

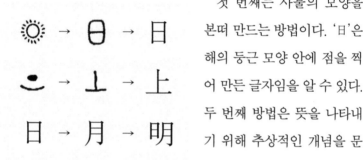

첫 번째는 사물의 모양을 본떠 만드는 방법이다. '日'은 해의 둥근 모양 안에 점을 찍어 만든 글자임을 알 수 있다. 두 번째 방법은 뜻을 나타내기 위해 추상적인 개념을 문자로 나타낸 방법이다. '위'를 뜻하는 글자인 '上'은 평평한 땅을 가로 획(一)으로 나타내고 그 위에 점을 찍어 수평선 위에 뭔가가 있다는 것을 표시하여 만들었다. 세 번째 방법은 두 가지 이상의 글자를 결합하여 새로운 뜻을 나타내는 것이다. 해(日)와 달(月)을 합쳐 '밝을 명(明)'자를 만든 것이 그 예이다. 이런 방식으로 만들어지다 보니 한자는 글자 수가 무수히 많아지고 복잡해진 것이다.

그렇다면 발음 기관의 모양과 발음의 원리를 이용해 만든 문자가 우수한 까닭은 무엇일까. 그것은 말소리와 문자가 일정하게 대응되도록 했기 때문이다.

다시 말해 한 글자가 하나의 소리로 나고, 하나의 소리가 하나의 문자로 표기되는 것이다. 예를 들면, '아빠'의 '아'는 늘 '아'라는 소리로 나지 '어'나 '오'로 발음되지 않는다. 그리고 '아'라는 소리는 '아'라는 글자로 표기되지 '어'나 '우'로 표기될 수 없다.

영어는 발음과 문자가 어긋나는 대표적인 언어이다. 한 소리가 여러 문자로 표기되거나 한 문자가 여러 소리로 나온다. 영어의 'A'는 여러 가지로 발음되는데 예를 들면 parent는 [pérənt]로, family는 [fǽməli]로 소리 나고 garden은 [gáːrdn], basement는 [béismənt], water는 [wɔ́təɾ] 등 가지각색이다. 발음을 기준으로 보면 다양한 발음들이 같은 글자로 표기된 셈이다. 영어 닿소리 'G'의 경우도 'ㄱ, ㄲ, ㅈ, ㅉ' 등 여러 가지로 발음된다. 이와 비교해 볼 때 한 소리를 한 글자로만 적고, 한 글자를 한 소리로만 내는 한글의 특성은 큰 장점이 아닐 수 없다.

또한 한글에는 우리말의 특성이 고스란히 드러나 있다. 한글의 닿소리 글자는 예사소리, 된소리, 거센소리를 골고루 표현할 수 있다. 대개 예사소리는 순하고 부드러운 느낌을 주고, 된소리는 강하고 단단한 느낌, 거센소리는 크고 거친 느낌을 준다. 이러한 세 가지 소리가 정확하게 규칙적으로 문자에 반영되어 있다.

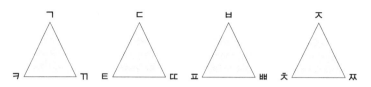

각 형제 글자들이 소리 계열과 모양을 모두 고려하여 규칙적으로
대응되는 것을 알 수 있다.

홀소리 글자의 경우도 마찬가지다. 밝은홀소리는 'ㅏ, ㅑ, ㅗ, ㅛ'
등으로 밝고 산뜻한 느낌을 주는 모음이다. 어두운홀소리는 'ㅓ,
ㅕ, ㅜ, ㅠ' 등으로 어둡고 큰 느낌을 준다. 세종은 우리말 홀소리의
특징을 파악하여 정확하게 문자로 나타냈다.

우리말의 의성어나 의태어에서는 닿소리의 '예사소리-된소리-
거센소리' 특징과 홀소리의 '양성-음성' 특징이 어울려 다양하고도
섬세한 어휘를 만들어 낸다.

다음 예들을 보자. 예사소리(ㅈ), 된소리(ㅉ), 거센소리(ㅊ)에 밝
은홀소리(ㅏ, ㅗ)가 붙으면 작은말, 어두운홀소리(ㅓ, ㅜ)가 붙으면
큰말이 만들어진다. 그렇게 해서 다채로운 느낌의 낱말이 12개나
만들어진 것을 볼 수 있다.

닿소리 글자와 홀소리 글자가 결합하여 다양한 느낌을 주는 예

밝은홀소리		어두운홀소리	
졸랑졸랑	잘랑잘랑	줄렁줄렁	절렁절렁

쫄랑쫄랑	짤랑짤랑	쭐렁쭐렁	쩔렁쩔렁
출랑출랑	찰랑찰랑	출렁출렁	철렁철렁

한글은 홀소리 글자와 닿소리 글자가 균형 있게 발달되어 있어 어떤 나라의 말소리든 원래의 발음과 비슷하게 적을 수 있다. 영어의 경우는 닿소리 21자, 홀소리 5자로 홀소리와 닿소리 글자 수가 크게 차이나지만 한글은 닿소리 14자, 홀소리 10자로 영어에 비해 글자 수의 비율이 비슷하다.

영어에는 홀소리 글자가 'A, E, I, O, U' 5자밖에 없어 한국어의 홀소리 'ㅓ, ㅕ, ㅡ, ㅢ' 등을 정확히 표기할 수 없다. 서양의 알파벳은 불완전했던 홀소리 글자가 정착하는 데 3천 년이 걸렸다고 한다. 하지만 세종은 영어에 비해 매우 짧은 기간에 완벽한 홀소리 글자를 만들어 냈다.

알파벳과 한글의 글자 수 비교

알파벳	닿소리	b, c, d, f, g, h, j, k, l, m, n, p, q, r, s, t, v, x, z
	홀소리	a, e, i, o, u, (w, y)
한글	닿소리	ㄱ, ㄴ, ㄷ, ㄹ, ㅁ, ㅂ, ㅅ, ㅇ, ㅈ, ㅊ, ㅋ, ㅌ, ㅍ, ㅎ
	홀소리	ㅏ, ㅑ, ㅓ, ㅕ, ㅗ, ㅛ, ㅜ, ㅠ, ㅡ, ㅣ

지금까지 살펴보았듯이 한글은 말과 소리가 일대일로 대응되어 읽고 쓰는 데 혼란이 적은 문자, 우리말의 이치가 그대로 반영된 문자, 우리말은 물론 외국어의 다양한 자음과 모음을 표현할 수 있는

문자임을 알 수 있다. 문자라면 기본으로 갖추어야 할 덕목이지만 실제로는 쉽게 찾아볼 수 없는 경지에 한글이 다다랐다는 것에 충분히 자부심을 가져도 좋다.

쉽고 빠르게 배울 수 있는 평등 교육 문자

세종은 한글을 누구나 쉽게 배울 수 있다고 했다. 이런 장점은 외국 사람에게도 적용된다. 미국 뉴욕 주립 대학 김석연 명예 교수가 10년 이상 실험한 결과 50분이면 미국 대학생들이 자신의 이름을 한글로 적고 간단한 한글을 읽을 수 있다고 했다.(김석연(2000), "King Sejong, The Inventor of Hunminjeongeum"(동영상), Sejong Studies.) 독일의 한국학자인 베르너 자쎄도 자신의 초등학생 자녀들이 어깨너머로 한글을 배워 비밀 편지를 쓴다고 이야기했다.(이봉원(1996), "The world's best alphabet, Hangeul"(동영상), 국어 정보 학회.)

그렇다면 한글은 왜 빨리 배울 수 있을까? 첫째, 기본 글자 수가 적고 그 모양이 변하지 않아 배우기 쉽기 때문이다. 기본 자모의 수가 영어는 26개, 한글은 24개다. 그러나 영어는 같은 글자라 하더라도 대·소문자, 인쇄체·필기체 등 경우에 따라 글자의 모양이 서로 달라 좀 더 많은 글자를 외워 써야 한다. 일본어도 가타카나와 히라가나를 합치면 무려 100자가 된다. 물론 한글도 기본자와 확장자를 합치면 40자가 된다. 하지만 확장자는 기본자를 이용하여 쓸 수 있으므로 완전히 다른 40자로 볼 수 없다.

한글의 기본자와 확장자

갈래	기본자	확장자	합계
닿소리 글자	ㄱ, ㄴ, ㄷ, ㄹ, ㅁ, ㅂ, ㅅ, ㅇ, ㅈ, ㅊ, ㅋ, ㅌ, ㅍ, ㅎ (14자)	ㄲ, ㄸ, ㅃ, ㅆ, ㅉ (5자)	19자
홀소리 글자	ㅏ, ㅑ, ㅓ, ㅕ, ㅗ, ㅛ, ㅜ, ㅠ, ㅡ, ㅣ (10자)	ㅐ, ㅔ, ㅒ, ㅖ, ㅘ, ㅚ, ㅙ, ㅝ, ㅟ, ㅞ, ㅢ (11자)	21자
합계	24자	16자	40자

둘째, 서로 관련된 글자들이 짜임새 있게 변형·확장되어 있어 쉽게 배우는 것이다. 다시 말해 발음상 관련된 글자들이 비슷한 모양을 하고 있어 기억하기 쉽다. 영어 알파벳의 경우 'K'와 'G'가 형제 문자인데도 모양이 전혀 달라 따로따로 배워야 하는데, 국어에서는 'ㄱ'을 배우면 'ㅋ'과 'ㄲ'은 저절로 익힐 수 있다.

셋째, 글자가 점·선·원으로 단순하게 이루어져 쉽게 익힐 수 있다. 'ㅡ, ㅣ, ㅇ'은 가장 쉽게 쓸 수 있는 도형이다. 단순한 도형일수록 쉽게 읽고 정확하게 쓸 수 있다. 미국의 생물학자인 재러드 다이아몬드는 "한글은 닿소리 글자와 홀소리 글자가 한눈에 구별되며 홀소리는 점과 수직선, 수평선의 조합으로 이루어지고 닿소리는 조음 방법을 본뜬 기하학적 기호로 이루어진다. 이들 닿소리 글자와 홀소리 글자는 사각의 공간 안에 잘 조합되어 한 음절로 표기할 수 있다. 그래서 28개의 글자만 기억하면 아주 빠른 속도로 글을 읽고 이해할 수 있다."(Diamond, J.(1994), 'Writing Right', 『DISCOVER』 6월호, 107~110쪽.)라고 한글의 특징과 가치를 언급한 바 있다.

훈민정음에 사용된 기본 도형

| 점 | 수평선 | 수직선 | 사선 | 원 |

넷째, 글자가 대칭 구조로 이루어져 쉽게 익힐 수 있다. 'ㅂ, ㅅ, ㅇ, ㅈ, ㅊ, ㅎ'은 좌우 대칭이고 'ㄷ,ㅌ'은 상하 대칭, 'ㄱ,ㄴ'은 대각선 대칭이고, 'ㅍ'은 상하좌우 대칭이다. 'ㅁ, ㅇ'은 상하좌우·대각선 대칭이고, 'ㄹ'은 대각선 역대칭이다. 모음도 'ㅏ, ㅑ, ㅓ, ㅕ'는 물론, 'ㅐ, ㅔ'도 상하 대칭이고, 'ㅗ, ㅛ, ㅜ, ㅠ'는 좌우 대칭이다.

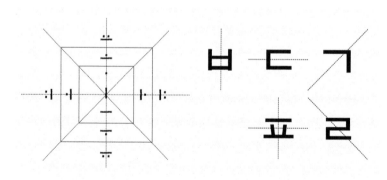

닿소리 글자와 홀소리 글자의 대칭 구조

점선을 기준으로 좌우상하 및 대각선, 사방으로 대칭되는 것을
확인할 수 있다.

다섯째, 닿소리 글자와 홀소리 글자를 합쳐 모아쓰니 빨리 읽고 이해할 수 있다.

ㅅㄴㅂㅏㄹㅏㅁㅣ ㄴㅏㄴ ㅎㅏㄱㅅㅔㅇㄷㅡㄹ
(신바람 난 학생들)

위와 같이 닿소리 글자와 홀소리 글자를 영어처럼 가로로 풀어쓰면 무슨 말인지 알아보기 어려울 뿐만 아니라, 문장이 길어져 읽는 속도가 느려진다. 모음을 중심으로 하여 음절 단위로 모아쓰는 것은 옆으로 풀어쓰는 것보다 훨씬 빨리 이해할 수 있다.

예를 들어 중국의 도시인 '칭다오(靑島)'를 쓰고 읽으려 할 때, 한글은 음절 단위로 쓰므로 해당 언어를 모르는 외국인이 읽는다 하더라도 한 글자에 하나의 소리가 대응됨을 이해하고 읽기 시작할 수 있다. 그러나 외국인이 자국어 표기가 아닌 영어 표기 'qingdao'나 중국어 표기인 '靑島'를 읽으려 한다면 배경지식이 없는 상태에서는 어떻게 읽는지 정확히 이해하기 힘들 것이다.

한글과 디지털은 찰떡궁합, 디지털 시대의 과학 생성 문자

흔히 컴퓨터와 잘 어울리는 문자는 영어 알파벳이라 생각한다.

이는 컴퓨터가 서구에서 발명된 탓에 생긴 잘못된 생각이다. 한글의 과학성을 살펴보면 한글이 얼마나 새로운 전자 매체에 적합한 글자인지를 알 수 있다. 규칙성, 체계성, 간결성, 합리성을 지닌 한글이 컴퓨터나 휴대 전화 등 새로운 매체에 가장 잘 맞는 글자라는 뜻이다.

	배치도			표시 글자 수
'천지인' 방식	ㅣ	·	―	닿소리: 14 홀소리: 3
	ㄱㅋ	ㄴㄹ	ㄷㅌ	
	ㅂㅍ	ㅅㅎ	ㅈㅊ	
	*	ㅇㅁ	#	
'나랏글' 방식	ㄱ	ㄴ	ㅐ	닿소리: 6 홀소리: 6
	ㄹ	ㅁ	ㅗㅜ	
	ㅅ	ㅇ	ㅣ	
	(획 추가)	―	겹닿소리	
영어		ABC	DEF	닿소리: 21 홀소리: 5
	GHI	JKL	MNO	
	PQRS	TUV	WXYZ	

우리의 휴대 전화는 글자판 배치부터 훈민정음의 창제 원리를 적용하고 있다. '천지인' 방식은 17자, '나랏글' 방식은 12자만으로 획더하기 원리와 모아쓰기 방법이 사용된다. '천지인' 방식은 그야말

로 천(ㆍ)·지(ㅡ)·인(ㅣ) 세 글자만으로 모든 홀소리 글자를 만들 수 있다. '나랏글' 방식은 닿소리를 최소로 처리한 후 획 추가 방식을 적용했다.

반면에 알파벳은 이런 원리를 적용할 수 없어 알파벳 26자를 모두 늘어놓아야 한다. 게다가 알파벳에는 대문자와 소문자의 구분이 있다. 'I'와 'i'는 같은 문자이지만 각각 쓰이는 경우에 따라 한 문장이나 단어에 두 가지 문자가 같이 쓰여 문자 단추를 더 많이 눌러야 한다. 게다가 알파벳은 하나의 단추에 세 글자나 네 글자가 들어가 있어 'c'나 'f'를 쓰려면 각각 세 번씩 눌러야 한다. 그에 비해 한글은 두 번 세 번 누를 필요가 거의 없다. '천지인' 방식에서는 '아'를 입력하려면 'ㅇ'을 누르고, 'ㅣ'와 'ㆍ'만 누르면 된다. '나랏글' 방식에서는 'ㅇ'과 'ㅏ'만 누르면 입력이 끝난다. 이렇게 한글은 닿소리와 홀소리를 번갈아 누르면 되는데 알파벳에서는 그렇지 않은 경우가 많아 한글보다 단추를 찾아 누르기가 번거롭다. 강아지라는 뜻의 'puppy'를 쳐 보자. 이 글자를 입력하려면 'p'가 있는 단추를 한 번 누르고, 'u'가 있는 단추를 두 번, 'p'가 있는 단추를 네 번, 'y'가 있는 단추를 세 번이나 눌러야 한다.

컴퓨터 자판도 왼쪽은 닿소리, 오른쪽은 홀소리로 배치하니, 왼손, 오른손을 골고루 사용해서 편하다. 영어 'love'와 우리말 '사랑'을 쳐 보자. 영어는 '오른손-오른손-왼손-왼손'의 순서이고 한글은 왼손과 오른손이 번갈아 나오게 된다. 'read'와 '읽다', 'have'와 '가지다' 등도 마찬가지다. 한글은 양손을 골고루 사용해서 빠르고 정확하게 입력할 수 있다.

한글 표준 자판

영문 표준 자판

　그래서 한글은 자판을 오랫동안 사용할 때 발생하는 어깨 결림증
에 걸릴 확률이 낮다. 왜냐하면 왼손과 오른손을 번갈아 사용할 수
있기 때문이다. 자판은 이제 우리와 떼려야 뗄 수 없는 생활의 한 부
분인데 우리는 여기서도 한글의 혜택을 누리고 있는 셈이다. 이에
비해 영어는 왼손만 사용하는 경우가 많다 보니 컴퓨터를 오래 사
용하면 한쪽 어깨가 결리기 쉽다.

　양손을 골고루 쓸 수 있는 한글 자판의 장점은 건강에만 있지 않
다. 양손을 균형 있게 사용하면 좌뇌와 우뇌 모두 골고루 발달한다
고 하니 한글 자판은 양쪽 뇌를 발달시키는 셈이다.

　500여 년 전 창제된 한글은 언뜻 어울리지 않을 법한 디지털 시스템에 무리 없이 적응하며 그 가치를 스스로 증명해 보이고 있다. 나날이 발전하는 매체에 한글이 어떻게 적용되는지 지켜보는 것도 한글을 공부하는 데 다른 묘미가 될 듯하다.

소통과 나눔의 생태 문자

세종이 새 문자를 만든 데는 여러 가지 동기와 목표가 있었지만 가장 중요한 것은 소통이었다. 세종은 『훈민정음』 서문에서 이 점을 분명히 밝히고 있다. 백성들이 어려운 한자로는 자신의 생각을 표현할 수 없어 억울한 경우를 많이 당한다는 것이다. 절대 권력으로 나라를 다스리던 시기에 임금이 힘없는 백성을 위해 문자를 만든 일은 인류 역사를 통틀어 보아도 유례가 없으며 오늘날에도 상상하기 어려운 일이다.

조선과 같은 신분제 사회에서 이상적인 소통 여부는 민본주의를 얼마나 충실하게 실천하느냐에 달려 있다. 민본주의는 백성의 행복을 가장 우선으로 삼는 정치 사상이다. 세종은 민본주의에 충실했고 훈민정음은 민본주의의 핵심 구실을 하는 문자가 되었다.

한글 덕에 임금도 백성에게 직접 자신의 뜻을 알릴 수 있었는데, 임진왜란이 일어난 지 1년이 되는 1593년에 선조가 왜적에게 포로로 잡힌 병사를 향해 보낸 포고문을 보면 한글의 효용을 알 수 있다.

임금이 백성에게 이르는 글

너희가 왜놈들에게 휘둘려 다닌 것이 너희 본마음이 아닌 줄을 과인도 알고 있다. 빠져나오다가 왜놈들에게 붙잡히면 죽을 것이고, 도리어 나라의 의심을 받을 것이 두렵기도 하여 왜놈들 속에 끼어들었던 것이다. 나라가 〔너희를〕 죽일까 두려워 여태껏 나오지 않는구나. 이제는 의심하지 말고 서로를 권유하여 다 나오너라. 〔나라가〕 너희에게 따로 벌주지 아니할 것이다. 그뿐만 아니라 왜놈을 데리고 나오거나, 나올 때 왜놈들이 하는 일을 자세히 알아내거나, 붙잡혀 간힌 조선인을 많이 구해 내거나 하는 등의 공이 있으면 평민이든 천민이든 가리지 않고 벼슬도 줄 것이다. 너희는 더는 의심하지 말고 빨리 나오너라.

만력 21년(1593년) 9월

그 당시 포로로 잡힌 조선 병사들은 탈출하다가 붙잡히면 왜적에게 죽음을 당하거나, 탈출에 성공하더라도 조국의 의심을 받아 벌을 받을 것이라며 불안 속에서 지내고 있었다. 그 처지를 잘 아는 선조가 글을 통하여 포로로 잡힌 백성들을 안심시키고 있다. '의심하거나 벌줄 일은 결코 없을 것이니 두려워하지 말고 얼른 빠져나오'라고 한 것이다. 아울러 이왕이면 '왜적을 잡아 오거나 왜적의 일을 알아 오는 등 아무 공이라도 세워서 나오면 더욱 좋겠다'라고 행동 지침을 덧붙인 것은 당시의 전쟁 상황이 얼마나 절박했는지 나타내 주고 있다.

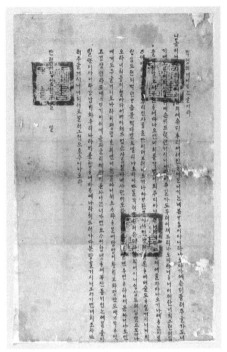

이 포고문은 신분에 관계없이 모든 백성, 특히 하층민에게 나랏일을 알리기 위해 임금이 직접 한글로 발표했다는 점에서 더욱 가치가 있다. 선조는 한글이 일반 백성에게 얼마나 널리 쓰이는지 잘 알고, 급박하게 돌아가는 전란 속에서 한글로 백성들의 용기를 북돋았다. 이것이 바로 한글의 힘이었고 지친 백성에게 힘을 실어 주는 원천이 되었다.

선조 국문 교서 ◆ 선조가 임진왜란 당시 백성들에게 내린 포고문. 선조가 백성들에게 전하고자 하는 말이 한글로 쓰여 있다. 권이도 개인 소장.

한글을 매개로 한 계층 간의 소통도 있지만 가족 간에 소중한 마음을 담아 주고받는 한글 편지로 소통이 이루어진 것도 볼 수 있다. 정조 임금은 원손 시절과 세손 시절에 귀여운 한글 편지를 남겼다.

숙모님께

가을바람에 몸과 마음이 평안하신지 안부를 여쭙습니다. 뵌 지 오래되어 섭섭하고 그리웠는데, 어제 편지를 받고 든든하고 반가

우며 할아버님께서도 평안하시다고 하오니 기쁘옵니다.

—원손

원손(아직 왕세손으로 책봉되지 아니한 왕세자의 맏아들) 시절에 외숙모
인 민 씨에게 보낸 편지글이다. 어린 나이에 편지 틀에 맞추면서도
외숙모를 향한 애틋한 그리움이 잘 드러나 있다. 할아버지의 건강
에 마음 쓰는 효성스러운 모습도 보인다.

날씨가 몹시 추운데, 기운이 평안하신지 문안 알기를 바라옵
니다.
오랫동안 편지도 쓰지 못하고 섭섭하게 지냈는데, 돌아재가 들
어오니 든든합니다.
내가 돌아재에게 "궁에 들어오기 쉽지 않으니 내일 나가라."라
고 했더니
"오늘 나오라고 하셨습니다."라고 하면서 단호하게 못 있겠다
고 합니다.
할아버님께 인마(人馬)를 내일 보내오시길 바라오며,
〔인마는〕 모두 들어오지는 못하오니 훗날 부디 〔형편이〕 낫거
든 들여보내시옵소서.

—세손

정조가 세손(왕세자의 맏아들) 시절에 쓴 편지이다. "날씨가 몹시 추

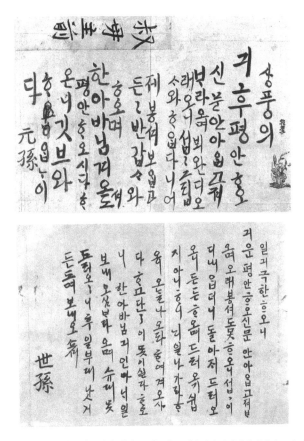

정조 원손 편지(위), 정조 세손 편지(아래) ◆ 정조가 큰 외숙인 홍낙인의 부인에게 보낸 편지이다.
아직 글씨가 다듬어지지 않았지만 문안 편지의 형식에 맞추어 쓰려는 흔적이 보인다. 이헌 서예관 소장.

운데, 기운이 평안하신지 문안 알기를 바란"다는 인사로 시작하는
글이 편지의 격식을 차려 웃어른께 안부 여쭙고 있어 그 모습이 제
법 의젓해 보인다. 궁 밖에 살고 있는 친척과의 왕래가 눈앞에 펼쳐
지듯 매우 정감 있게 묘사되어 편지로서의 섬세함을 드러내고 있다.

왕실뿐만 아니라 백성들 역시 훈민정음을 통해 사회에 참여할 수 있었다. 드문 예지만 여성이 한글로 억울한 사정을 글로 써서 올린 경우도 있다.

충청남도 노성에 사는 백 조시의 발괄

저는 본 마을 치하 황화정에 살았는데 지난 병술년(1886년) 즈음에 집안 운수가 불행한 데다가 친정 동기간에 불화하는 일까지 일어났습니다. 부모님께서 돌아가신 해에 가족들이 흩어질 때 약간 남아 있는 재산인 메마른 땅 5마지기 5되지기(곡식 5말 5되를 심을 만큼의 땅)와 콩밭 3마지기(곡식 3말을 심을 만큼의 땅)를 버리고 간 것은 다름 아니오라 철없는 동생을 생각하였기 때문입니다. 그간에 서로 자취를 찾을 수 없었는데 작년 동짓달에 비로소 와 보니, 동생은 논밭과 하나도 상관없이 남의 집 일을 하고 있었습니다. 앞뒤 사정을 알아보니 황화정에 사는 서 씨 댁에서 논밭을 차지하여 농사를 짓는다고 합니다. 그 연고를 물으니, 그동안의 약값 빚이 있어 그 논밭을 차지하였다고 이러쿵저러쿵 말하니 세상에 이런 법이 어디 있습니까? 약값으로 따지더라도 55냥을 주었고 또 포목으로 30냥을 주었고 그 후에 어린아이 약값 3냥 5돈을 갚지 못하였더니, 남의 집 불행을 다행으로 알아 이런 터무니없는 짓을 하니 어찌 원통치 아니하겠습니까? 아뢸 말씀은 끝이 없사오나 가슴이 막혀 이만 여쭈오니, 헤아려 생각하신 후에 명백

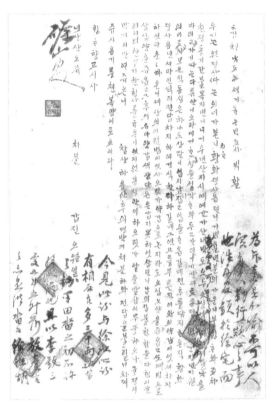

백 조시의 발괄 ◆ 한글로 억울한 사정을 적어 낸 종이에 판결문을 한자로 써 넣은 것이 보인다.
전북 대학교 박물관 소장.

히 처분하여 논밭을 며칠 내에 찾아 주시기를 하늘 앞에 엎드려
바랍니다. 여산 사또님께서 처분해 주실 일입니다.

　갑진년(1904년) 5월　일

　판결문(한문으로 쓰였음)

　지금 이 소장과 서 씨의 노비가 발급한 소장을 보니 서로 다른

점이 많다. 30냥의 수고비와 논밭을 처음부터 허락해 주지 않았다는 말이다. 또 이치삼(李致三)에게 땅을 2마지기 5되지기에 내다 팔라고 말한 것 또한 서 씨 집안에서 어찌 헐값에 팔 수 있었는지 사람으로서 할 수 있는 것이 아니다. 오랫동안 함부로 행동하여 마음을 속이는 일이다. 지난번에 관아의 판결문을 서 씨 댁에 보여 주었는데, 그대로 조처하는 것이 마땅할 일이다.

앞의 문서는 충청남도 노성군에 살던 백 씨 여인이 1904년 5월에 여산 사또에게 자신의 집안 재산으로 있던 논밭을 가로챈 서 씨를 고소한 소장이다. '발괄'은 '사뢰다'라는 뜻을 지닌 이두 표현으로, 지방관에게 억울한 일이나 사정을 호소하는 문서를 가리킨다. 백 씨 여인이 자신의 동생이 약값 3냥 5돈을 갚지 못한 것 때문에 서 씨에게 논밭을 뺏긴 일을 뒤늦게 알고, 집안 재산을 찾아 달라며 여산 사또에게 호소한 내용으로, 양측의 주장이 상반되어 여러 차례 소장이 오갔던 사건이다.

세종이 『훈민정음』 서문에서 하층민이 억울한 사정을 토로할 수 있도록 훈민정음을 만들었다고 했는데 이 문서 역시 그런 정신이 구현된 것이다. 다만 이 발괄에서 여산 사또가 내린 처분은 문서 좌우에 한문 초서체로 쓰여 있다. 기존 관례이긴 하지만 여전히 변하지 않는 지배층과 백성 간의 소통 한계를 엿볼 수 있다.

한글은 한자와 이두를 모르는 하층민을 배려해서 창제되었을 뿐 아니라 한자 생활에 익숙한 지배층에게도 요긴한 문자였다. 신분제의 한계 때문에 실제로 양반과 평민이 서로 평등하게 소통을 나누지는 못했지만 한글이 개인과 계층을 뛰어넘는 소통의 도구가 되었다.

세계 각 나라들은 여전히 문맹 퇴치를 중요한 정책으로 삼고 있다. 글자를 모르는 이들이 많을수록 의사소통이 원활하지 않아 국가 발전에 걸림돌이 되기 때문이다. 세종은 이런 문제를 알고 대처하여 더욱 높은 소통의 단계로 나갈 수 있는 기틀을 마련하였다.

유네스코에서는 문맹 퇴치에 이바지한 사람들에게 주는 상에 '세종'이란 이름을 붙여 '세종대왕상'을 제정했다. 개인과 계층을 뛰어넘는 소통의 샘인 한글을 만든 세종의 업적을 세계가 인정한 것이다.

세계에서 하나밖에 없는 독창적인 문자

한글은 세계에서 하나밖에 없는 독창적인 문자다. 그 까닭은 다음과 같다.

첫째, 한글은 창제자뿐 아니라 창제한 날짜, 반포한 시기, 창제 목적 등이 정확하게 밝혀진 문자다. 지금까지 인류가 만든 문자의 수가 250~300종이 된다고 하는데 창제자와 창제 목적 등을 알 수 있는 문자는 한글뿐이다.

둘째, 한글은 발음 기관을 상형한 소리 문자다. 언어학자들이 세

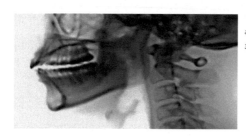

'ㄱ'을 발음할 때 모습을 엑스선으로 촬영한 영상 ◆ 혀가 구부러지는 것을 확인할 수 있다.

종이 상형한 방식이 맞는지 검증하기 위해 엑스선 촬영을 했다.

'ㄱ'은 혀뿌리가 올라가는 꼴을 본떠 만든 것이다. 'ㄱ'을 발음하는 모습을 엑스선으로 찍으면 혀가 'ㄱ' 자 모양이 되는 것을 확인할 수 있다. 변변한 장비도 없었던 그 옛날에 관찰과 분석을 할 수 있었다는 것은 무척 놀라운 일이다.

한글을 독창적인 문자라고 말하는 세 번째 이유는 한글이 자음과 모음을 쪼개 만든 소리 문자면서 동시에 글자 단위로 모아쓸 수 있는 드문 예라는 점이다. 대부분의 문자는 낱낱의 글자를 나열하여 쓰게끔 되어 있다. 예를 들어 '감'이라는 글자를 쓰려고 할때 영어는 'Kam'이라고 표기하여 각각의 글자를 옆으로 나열한다. 표기의 단위가 다르긴 하지만 글자를 모아 쓰지 않고 나열한다는 점에서 한자나 카타카나, 히라가나도 표현 방법이 유사한데 한글은 각 글자를 만드는 방법 뿐만 아니라 쓰는 방법에서도 차별화를 꾀한 것이 독창적이라고 볼 수 있는 이유이다.

넷째, 한글은 닿소리 글자와 홀소리 글자가 서로 다른 성격의 디자인으로 되어 있다. 따라서 닿소리·홀소리 구별이 직관적으로 이루어진다. 자음과 모음 결합의 기준 역할을 하는 홀소리 글자가 수

평과 수직으로 되어 있다는 점도 독창적이다.

다섯째, 한글은 철학적 의미를 담고 있는 문자다. 창제 의도에서도 알 수 있듯이, 한글에는 백성과 소통하고 싶어 하는 세종의 마음이 들어 있다. 또한 창제 과정에서도 당시 생각의 기본이 되었던 역학 사상을 글자에 녹여 내었다. 자연의 질서와 변화가 일정한 조화 속에서 이루어진다고 주장하는 사상이 역학 사상이다. 그 핵심 이론을 '음양오행론'이라고 하는데 『훈민정음』 해례본에서는 음양오행에 대해 다음과 같은 이야기가 나온다.

사람의 말소리에도 모두 음양의 이치가 있는데, 다만 사람이 살피지 못했을 뿐이다. 이제 훈민정음을 만드는 것은 처음부터 지혜로 마련하고 애써 찾아 낸 것이 아니라, 다만 원래 있는 소리에 따라 그 이치를 밝혀 냈을 뿐이다.

『훈민정음』 해례본에서 정인지는 "천지자연의 소리가 있으면 반드시 천지자연의 글이 있다.(有天地自然之聲 則必有天地自然之文)"라고 말하고 있다. 이는 소리가 천지자연의 질서 가운데 하나라면 글(문자)도 그래야 한다는 것이다.

이처럼 한글의 우수성과 과학성은 뚜렷하다. 아무리 한글이 과학적이고 우수하다 하더라도 이를 제대로 알지 못하고 참된 언어생활에 활용하지 않는다면 소용이 없을 것이다. '구슬이 서 말이라도 꿰어야 보배'라고 했다. 조선 시대 양반들처럼 쉽고도 뛰어난 한글을 옆에 두고도 한문으로만 책을 쓰는 식의 우를 범해서는 안 될 것이다.

　세계의 학자들은 한글을 극찬하고 있는데 영국의 과학사가이자 역사 다큐멘터리 작가인 존 맨은 『알파 베타』라는 책에서 "한글은 단순하고 효율적인 알파벳의 대표적 전형이며, 알파벳이 발달할 수 있는 한계가 어디까지인지 보여 주는 최고의 알파벳이다."(Man, J.(2001), 『ALPHA BETA』: How 26 Letters Shaped The Western World, John Wiley & Sons. Inc. 116쪽)라고 평가하였다. 일본의 우메다 히로유키 교수도 "한글은 세계에서 가장 발달된 음소 문자이며 로마자보다 진일보한 자질 문자로서 세계에 자랑할 만한 문자 체계이다."(KBS, "세계로 한글로", 1996년 10월 9일 방영)라고 평가하였다. 미국의 역사가인 에드윈 라이샤워도 "한글은 오늘날 사용되는 문자 체계 중 가장 과학적이라고 할 수 있다."(Reischauer, E. O. and J. K. Fairbank(1958), 『East Asia』: The Great Tradition, Boston: Houghton Mifflin Company, 435-436쪽)라고 했다.

훈민정음 창제 소식을 보도하다

훈민정음 창제 소식을 들은 각국의 사신들이 조선에 모였다. 사신들은 카메라 앞에 서서 자기 나라로 소식을 전하느라 분주했다. 사신들이 전하는 소식은 각 나라의 뉴스를 통해 보도될 것이다.

명나라 조선은 본래 우리 대국의 변방에 위치한 작은 나라로, 우리와 같은 문화권에서 같은 문자를 사용했습니다. 그런데 이번에 세종 임금이 훈민정음이라는 새 문자를 만들었습니다. 새 문자에 대한 세종 임금의 뜻이 워낙 확고하기에 그 실용성 여부에 대한 검증이 끝나는 대로 무난하게 사용될 전망입니다. 우리 대국의 문자는 그 역사가 깊을

뿐 아니라 지금까지 동양의 문화를 떠받쳐 온 기둥의 역할을 했습니다. 그런데 조선의 새 문자는 우리의 문자와 전혀 다르고 독창적이라 하니, 한편으로 놀랍기도 하고 우려가

깊어지기도 합니다. 앞으로 조선의 새 문자가 어떻게 뿌리를 내릴 것인가는 조금 더 지켜봐야겠습니다.

일본 우리와 오랜 역사를 맺어 온 조선이 훈민정음이라는 새 문자를 만들었습니다. 새 문자의 탄생으로 조선이 문화적인 발전을 이룰 것으로 전망합니다. 비록 우리가 조선보다 앞서 우리의 문자를 갖기는 하였으나, 이는 한자  의 영향을 받아 만든 문자임을 부인할 수 없습니다. 그에 비해 조선의 임금이 창제한 문자는 매우 독창적이고 과학적인 문자인 것으로 보입니다. 새 문자의 완성으로 이제 조선은 자국의 문자로 문화생활을 할 수 있게 되었으며, 선진적인 문화가 백성들에게 더 깊이 뿌리내릴 수 있을 것입니다. 이는 우리 입장에서도 환영할 만한 일이며, 양국의 외교 관계도 더욱 돈독해지기를 바라는 바입니다.

여진 얼마 전 조선이 훈민정음이라는 28자의 문자를 창제했음을 알려드립니다. 중국의 한자와는 전혀 다른 신기한 모양의 문자인데, 한자라는 막강한 문화 아래서 이처럼 새 문자를 만들 수 있었던 조선에 큰 박수를 보냅니다. 일찍이 우리는 한자와 거란의 문자를 차용하여 우리의 문자를 만들었습니다. 우리 여진을 하나로 묶을 수 있는 힘은 문자에 있습니다. 변방을 떠도는 우리가 우리의 문자마저 잃게 된다면 우리 민족의 앞날이 결코 밝을 수 없습니다. 이러한 점에서 조선의 새 문자 창제는 우리에게도 시사하는 바가 큽니다.

보이는 말소리

알렉산더 멜빌 벨(전화기를 발명한 알렉산더 그레이엄 벨의 아버지)은 유명한 음성학자였다. 그는 1867년에 『보이는 말소리』라는 놀라운 책을 펴냈다. 그는 이 책에서 발음 기관과 발음 원리를 상형한 문자야말로 가장 이상적이라고 말했다. 그리고 아래 그림과 같이 실제 문자를 만들었다. 훈민정음은 발음 기관을 수평선과 수직선, 동그라미 등으로 단순하게 표기한 반면, 그가 만든 문자는 주로 곡선 형태로 되어 있다.

『보이는 말소리』는 말을 못하는 장애인들에게 도움을 주기 위해

벨이 고안한 문자

지은 책이다. 벨은 말소리가 나오는 발음 기관을 본떠 글자를 만들면 누구나 쉽게 말소리를 낼 수 있고 적을 수 있다고 생각한 것이다. 하지만 그는 발음 기관을 본떠 만든 훈민정음이라는 글자가 이미 1443년에 발명되었다는 것을 몰랐다. 한글이 서양에 널리 알려진 것은 1900년대 이후였기 때문이다. 그때는 벨이 죽은 지 수십 년이 지난 뒤였다. 아마도 그가 한글을 알았더라면 문자를 새로 발명하지 않고 한글을 쓰자고 했을지도 모른다.

세종 연표(음력을 기준으로 함)

1397년 4월 10일 태조 6년	이방원의 셋째 아들로 태어나다.
1418년 6월 3일 태종 18년 22세	왕세자로 책봉되다.
1418년 8월 8일 세종 즉위년 22세	태종이 상왕으로 물러나고 세종이 임금 자리에 오르다.
1418년 8월 11일 세종 즉위년 22세	근정전에서 즉위 교서를 발표하다.
1418년 10월 7일 세종 즉위년 22세	첫 경연을 열고, 경연관들의 『대학연의(大學衍義)』 강론을 듣고 과거 방식과 인재 선발 문제에 대해 논의하다.
1418년 12월 25일 세종 즉위년 22세	정도전이 첨삭한 『고려사』를 고쳐 짓게 하다.
1419년 2월 25일 세종 1년 23세	기자(고조선 때에 있었다고 하는 전설상의 기자 조선의 시조)의 비석을 세우게 하다.
1420년 3월 16일 세종 2년 24세	집현전을 확장하여 영전사, 대제학, 제학, 부제학, 직제학, 직전, 응교, 교리, 부교리, 수찬, 부수찬, 박사, 저작, 정자 등의 관원을 두다.
1421년 1월 30일 세종 3년 25세	유관과 변계량이 『고려사』를 세종에게 바치다.
1421년 3월 24일 세종 3년 25세	주자소(활자를 만들던 관청)에서 경자자(경자년에 만든 동활자)를 완성하고, 이천과 남급으로 하여금 인쇄술을 개량하게 하여 하루 수십, 수백 장을 찍을 수 있게 되다.
1421년 7월 2일 세종 3년 25세	서운관(천문을 관측하고 재앙이 생길 징조 등을 알아보던 관청)에 있던 『천문비기(天文祕記)』를 궁중으로 옮기다.
1424년 11월 18일 세종 6년 28세	악기도감을 설치하고, 생·화·우(笙·和·竽, 아악에 쓰는 전통 관악기) 등의 악기를 만들다.

1424년 11월 24일 세종 6년 28세	지조소(종이를 만드는 곳)에서 호절지(蒿節紙), 송엽지(松葉紙, 솔잎을 잘게 부수어서 섞어 만든 종이) 등을 만들다.
1425년 2월 2일 세종 7년 29세	처음으로 동전을 만들어 사용하다.
1425년 2월 24일 세종 7년 29세	박연의 건의에 따라 악학 관련 문신을 두어 악서를 짓게 하다.
1425년 8월 26일 세종 7년 29세	경기 남양에서 나는 돌로 '석경(돌로 만든 방울)'이라는 악기를 만들게 하다.
1425년 9월 25일 세종 7년 29세	평양에 단군 사당을 세우게 하다.
1426년 4월 17일 세종 8년 30세	여종의 첩이 아이를 낳으면 백 일 동안 휴가를 주게 하다.
1426년 9월 22일 세종 8년 30세	여진어에 능한 자를 사역원에 속하게 하여 야인관 통사로 삼다.
1426년 12월 11일 세종 8년 30세	나이가 젊고 장래가 있는 이를 뽑아 사가독서(휴가를 주고 국비로 연구하게 한 제도)를 하게 하다.
1427년 5월 15일 세종 9년 31세	박연이 경기 남양에서 나는 돌로 1틀(12개)의 편경(두께가 서로 다른 여덟 개씩의 경쇠를 매어 달고 치는 타악기)을 만들어 바치다.
1427년 9월 11일 세종 9년 31세	『향약구급방(鄕藥救急方)』을 인쇄하여 널리 알리게 하다.
1428년 윤4월 1일 세종 10년 32세	경상도에서 인쇄하여 바친 중국의 『성리대전』(중국 명나라 때 편찬된 책. 주자, 장자 등 여러 학자의 성리설性理說, 이기설理氣說을 모아 수록함) 50부를 문신들에게 나누어 주다.
1428년 9월 25일 세종 10년 32세	신백정(천민 계급에 대하여 관아에서 내린 칭호)을 평민과 함께 군사 인원으로 뽑다.
1429년 5월 세종 11년 33세	정초 등에게 명하여 『농사직설』을 짓게 하다.

1430년 3월 5일 세종 12년 34세	새로운 공법(토지 세금법)에 대한 여론 조사를 지시하다.
1430년 8월 10일 세종 12년 34세	호조에서 새로운 공법에 대한 여론 조사 결과를 보고하다.(17만여 명의 백성들이 투표에 참여하여, 98,657명이 찬성, 74,148명이 반대함)
1430년 윤12월 1일 세종 12년 34세	정인지 등이 『아악보(雅樂譜)』(의식에 정식으로 쓰이던 음악을 기록한 악보)를 완성하다.
1431년 3월 2일 세종 13년 35세	명나라에 김한, 김자안을 보내 산법(산수)을 배우게 하다.
1431년 5월 11일 세종 13년 35세	주자소에서 『직지방(直指方)』, 『상한류서(傷寒類書)』, 『의방집성(醫方集成)』, 『보주동인경(補註銅人經)』(이상 모두 중국의 의학 서적) 등을 인쇄하게 하다.
1431년 6월 23일 세종 13년 35세	조서강과 권극화에게 『대명률』(중국 명나라의 형법책)을 번역해 풀이하게 하다.
1431년 11월 4일 세종 13년 35세	『충신도(忠臣圖)』 편찬에 대해 논의하다.
1431년 12월 세종 13년 35세	노중례 등이 『향약채취월령(鄕藥採取月令)』(의약서)을 편찬하다.
1432년 1월 19일 세종 14년 36세	맹사성 등이 『팔도지리지(八道地理志)』(조선 왕조 최초의 지리서)를 편찬하다.
1432년 6월 9일 세종 14년 36세	집현전 부제학 설순이 효자, 열녀, 충신 100인의 행적을 그리고 사실을 기록한 뒤 시를 붙인 『삼강행실도』를 편찬하다.
1432년 가을 세종 14년 36세	천문 관측소 간의대(簡儀臺)를 만들다.
1432년 10월 12일 세종 14년 36세	평민들과 섞여 살면서 군역을 치르고 있는 신백정 자제에게 향학(鄕學, 지방 교육 기관)에 입학하는 것을 허가하다.
1433년 1월 1일 세종 15년 37세	회례연에서 편경 연주를 듣고 아홉 번째 줄의 소리가 약간 높음을 박연에게 지적하다.

1433년 4월 26일 세종 15년 37세	최윤덕 등이 1만 5천 명의 원정군을 이끌고 압록강 변의 여진족을 토벌하다.
1433년 6월 9일 세종 15년 37세	정초, 박연, 김진 등이 혼천의(渾天儀, 천문 관측기)를 만들다.
1433년 6월 11일 세종 15년 37세	집현전 직제학 유효통, 전의 노중례, 부정 박윤덕 등이 우리나라 질병과 풍토에 적합한 한의학 책『향약집성방(鄕藥集成方)』85권을 집필하다.
1433년 9월 16일 세종 15년 37세	장영실이 자격궁루(自擊宮漏, 궁궐에 있는 물시계라는 뜻)를 만들다.
1434년 3월 5일 세종 16년 38세	노중례에게 명하여『태산요록(胎産要錄)』(출산과 어린이의 질병에 관한 책)을 편찬하게 하고, 주자소로 하여금 인쇄하여 반포하게 하다.
1434년 4월 26일 세종 16년 38세	아기를 낳은 여종의 남편에게 30일 휴가를 주게 하다.
1434년 6월 세종 16년 38세	밀양에서『고금운회거요(古今韻會擧要)』(음성에 관한 책)를 간행하다.
1434년 7월 1일 세종 16년 38세	장영실 등이 만든 물시계를 사용하다.
1434년 7월 2일 세종 16년 38세	새 활자인 갑인자(甲寅字)를 만들다. 20여만 자를 만들어 하루에 40장까지 인쇄하여 예전보다 인쇄가 갑절 빨라지다.
1434년 7월 16일 세종 16년 38세	갑인자로『자치통감(資治通鑑)』(중국의 역사서)을 간행하다.
1434년 10월 2일 세종 16년 38세	앙부일구(오목 해시계)를 혜정교와 종묘 앞에 설치해 시간을 알게 하다.
1435년 9월 12일 세종 17년 39세	주자소를 경복궁 안으로 옮기다.
1436년 4월 4일 세종 18년 40세	『자치통감훈의(資治通鑑訓義)』를 편찬하여 인쇄, 배포하다.

1436년 12월 세종 18년 40세	백과사전인『운부군옥(韻府群玉)』을 간행하다.
1437년 4월 15일 세종 19년 41세	정초, 장영실, 김빈 등이 시계의 일종인 일성정시의(日星定時儀), 현주일구(懸珠日晷), 행루(行漏), 천평일구(天平日晷) 등을 새로 만들다.
1437년 7월 23일 세종 19년 41세	각 도 감사에게 명하여『농사직설』등을 활용해 농사짓는 법을 백성에게 권장하게 하다.
1438년 1월 7일 세종 20년 42세	대호군 장영실이 흠경각(천문 시계인 '옥루'를 설치한 곳)을 완성하고 천체를 관측하다.
1439년 1월 13일 세종 21년 43세	강화의 왜닥씨를 충청도 태안, 전라도 진도, 경상도 남해와 하동에 나누어 심게 하여 종이 원료의 생산을 확대하다.
1439년 7월 3일 세종 21년 43세	경상도 성주와 전라도 전주에 사고(史庫, 국가의 중요한 책을 보관하는 곳)를 짓게 하다.
1441년 3월 17일 세종 23년 45세	기리고차(記里鼓車, 거리 측정 장치가 붙은 수레)를 만들어 사용하다.
1441년 6월 28일 세종 23년 45세	정인지에게『치평요람(治平要覽)』(역대 사적에서 귀감이 될 만한 사실을 모아 엮은 책)을 편찬하게 하다.
1441년 8월 세종 23년 45세	양수표(강이나 저수지 따위의 수위를 재기 위해 설치하는 눈금이 있는 표지)를 세우다.
1441년 8월 18일 세종 23년 45세	세자(이향, 훗날 문종)의 아이디어로 장영실 등으로 하여금 측우기를 만들게 하다.
1441년 9월 29일 세종 23년 45세	이선, 박팽년, 이개 등이 명을 받아『명황계감(明皇誡鑑)』(당나라 현종의 고사를 엮은 책으로 현재 전해지지 않음)을 짓다.
1441년 10월 18일 세종 23년 45세	『직해소학(直解小學)』200권을 인쇄하여 향교와 문신에게 나누어 주다.
1442년 9월 30일 세종 24년 46세	집현전에 명하여 행정 제도에 관한『사륜전집(絲綸全集)』을 편찬하게 하고, 정인지로 하여금 이를 요약한『사륜요집(絲綸要集)』을 편찬하게 하다.

1443년 4월 17일 세종 25년 47세	세자에게 정치를 하게 하다.
1443년 12월 세종 25년 47세	훈민정음을 창제하다.
1444년 2월 16일 세종 26년 48세	집현전에 명하여 『고금운회(古今韻會)』를 한글로 풀어 쓰도록 하다. 한글로 『운회(韻會)』를 번역하게 하다.
1444년 2월 20일 세종 26년 48세	집현전 부제학 최만리가 신석조, 김문, 정창손 등과 더불어 훈 민정음에 반대하는 상소문을 올리다.
1445년 1월 7일 세종 27년 49세	신숙주, 성삼문, 손수산을 요동에 보내 운서(韻書)를 알아 오게 하다.
1445년 3월 30일 세종 27년 49세	정인지 등이 『치평요람』을 만들다. 이순지 등이 『제가역상집(諸家曆象集)』(천문서), 『칠정산내외 편(七政算內外編)』(역법서) 등을 편찬하다.
1445년 4월 5일 세종 27년 49세	권제, 정인지, 안지 등이 『용비어천가』 10권을 지어 올리다.
1445년 10월 27일 세종 27년 49세	의학 백과사전 『의방유취(醫方類聚)』가 완성되다.
1446년 세종 28년 50세	12율의 기본음인 황종율(黃鐘律)을 낼 수 있는 악기인 황종관 (黃鐘管)의 그 길이를 기준으로 영조척(營造尺, 목수가 쓰던 자) 을 만들다.
1446년 9월 상순 세종 28년 50세	훈민정음 해설서인 『훈민정음』 해례본을 완성하여 펴내다.
1446년 10월 10일 세종 28년 50세	임금이 관리들의 죄를 일일이 들어 훈민정음으로 써서, 환관 김득상에게 명하여 의금부와 승정원에 보이게 하다.
1446년 11월 8일 세종 28년 50세	언문청을 설치하다.
1446년 12월 26일 세종 28년 50세	이과(吏科)와 이전(吏典) 등의 하급 관리 시험에 훈민정음을 시 험 과목으로 정하다.

1447년 4월 20일 세종 29년 51세	관리 시험에 앞서 훈민정음을 시험하여, 합격한 자에게만 다른 시험을 보게 하다.
1447년 6월 4일 세종 29년 51세	용비어천가, 여민락(與民樂), 치화평(致和平) 등의 음악을 잔치에 사용하게 하다.
1447년 7월 세종 29년 51세	세종의 명으로 둘째 아들 수양 대군이 『석보상절』을 저술하다.
1447년 7월 세종 29년 51세	세종이 직접 훈민정음으로 『월인천강지곡』을 저술하다.
1447년 9월 세종 29년 51세	신숙주 등이 『동국정운』, 『사성통고(四聲通攷)』(이상 한자 발음 사전)를 편찬하다.
1447년 10월 16일 세종 29년 51세	『용비어천가』 550권을 신하들에게 내려 주다.
1448년 3월 28일 세종 30년 52세	김구에게 언문으로 사서를 번역하게 하다.
1448년 10월 17일 세종 30년 52세	『동국정운』을 성균관, 사부 학당 및 각 도에 내려 주다.
1449년 10월 5일 세종 31년 53세	하 정승을 비난하는 언문 벽서가 붙다.
1449년 12월 11일 세종 31년 53세	수양 대군이 지은 『석보상절』, 세종이 지은 『월인천강지곡』을 간행하다.
1449년 12월 28일 세종 31년 53세	신숙주, 성삼문 등으로 하여금 태평관(太平館)에 오가게 하여 한양에 온 중국 사신들에게 운서에 대해 질문하게 하다.
1450년 윤1월 3일 세종 32년 54세	직집현전 성삼문, 응교 신숙주, 봉례랑 손수산에게 명하여 운서에 대해 중국 사신에게 묻게 하다.
1450년 2월 17일 양력 4월 8일, 세종 32년 54세	세종 대왕이 여덟째 아들인 영응 대군의 집 동별궁에서 세상을 뜨다.

1450년 6월 12일 문종 즉위년	세종 대왕을 소헌 왕후 심씨(沈氏)가 안장된 영릉(英陵) 서실(西室)에 합장하다.
1450년 8월 25일 문종 즉위년	김종서 등이 『고려사』를 편찬 완료하다.
1452년 2월 20일 문종 2년	세종 대왕의 신도비(神道碑, 무덤 동남쪽의 큰길가에 세우는 석비)를 영릉에 입석하다.

한글날의 역사
한글을 기리려는 노력들

1443년 12월(음력) 세종 25년, 47세
훈민정음을 창제하다.

1446년 9월 초순(음력) 세종 28년, 50세
『훈민정음』해례본을 펴내다.

1926년 11월 4일(음력 9월 29일)
조선어 연구회와 신민사가 함께 음력 9월 29일을 '가갸날'로 선포하다.
(『훈민정음』해례본이 발견되기 전이라 한글 반포일이 정확히
알려지지 않았음.)

1928년 11월 11일(음력 9월 29일)
'가갸날'을 '한글날'로 명칭을 고치다.

1934년 10월 28일
음·양력의 환산 방법을 그레고리력으로 고쳐
양력 10월 28일을 한글날로 정하여 기념하다.

1945년 10월 9일
조선어 학회에서 『훈민정음』해례본에 따라 음력 9월 10일을
훈민정음 반포일로 잡았고, 이를 양력으로 환산하여
1446년 10월 9일이 한글 반포의 날임을 확정하다.

1946년 10월 9일

한글 반포 500돌을 맞이하여 군정청에서 '한글날'을 공휴일로 정하다.
조선어 학회가 중심이 되어 성대한 한글날 기념식을 치르다.

1990년 11월 5일

대통령령 제13155호 「관공서의 공휴일에 관한 규정」이
공포됨에 따라 한글날이 공휴일에서 제외되다.

1991년 2월

전국 국어 운동 대학생 연합회 학생들이 서울 탑골 공원에서
정부를 규탄한 뒤, 한글날의 국경일 승격을 주장하며 거리 행진을 하다.

1991년 10월 1일

한글 문화 단체 '모두모임'이 정부와 국회에
'한글날 국경일 제정 청원서'를 제출하다.

1999년 7월 9일

한글 단체 주최로 서울 세종 문화 회관에서
'한글날 국경일 제정 공청회'를 열다.

2000년 10월 2일

신기남 의원 외 34명의 국회 의원이 한글날 국경일 지정을 골자로 한
'국경일에 관한 법률 개정안'을 발의하다.
이어 11월 15일에는 여야 의원들이
'한글날 국경일 추진을 위한 의원 모임'을 결성하다.

2001년 2월 5일

한글 단체와 각계 인사, 시민 등 10만여 명이
'한글날 국경일 제정 범국민 추진 위원회'를 결성하고
3월에 홍보책 첫째 호를 내다.

2001년 4월 10일
기독교 청년 회관에서 '한글날 국경일 제정 추진
범국민 결의 대회'를 열다.

2002년 10월 9일
세종 문화 회관에서 '한글날 국경일 제정 촉구 대회'를 열다.
이 자리에서 '한글날을 국경일로'라는 기록 영화(이봉원 감독)를 상영하다.

2005년 10월 5일
국회 문화 관광 위원회 소속 의원들이 '한글날 국경일 승격 결의문'을 발표하다.
국회 '한글 문화 세계화를 위한 의원 모임'도
'한글날 국경일 제정 촉구 성명서'를 발표하다.

2005년 10월
한글 관련 단체들(한글날 국경일 제정 범국민 추진 위원회, 한글 학회,
세종 대왕 기념 사업회, 외솔회, 우리말 살리는 겨레 모임, 전국 국어 운동
대학생 동문회, 한글 문화 연구회, 국어 문화 운동 본부, 한글 문화 연대,
한글 사랑 누리 통신 모임 등)이 국회 의장과 행정 자치 위원장에게
'한글날 국경일 지정 법안'이 국회에서 통과되게 협조해 달라는
건의문을 발송하다.

2005년 12일
한글날을 국경일로 지정하다.

2012년 12월 28일
한글날 공휴일 재지정 법령이 공포되다.

참고 자료

〈누리집〉

국립 국어원 www.korean.go.kr

디지털 한글 박물관 www.hangeulmuseum.org

또물또 세종 한말글 연구소 cafe.daum.net/tosagoto

세종 대왕 기념 사업회 www.sejongkorea.org

전국 국어 운동 대학생 연합회 동문회 www.hanmal.pe.kr

조선 왕조 실록 sillok.history.go.kr

한글 학회 누리집 www.hangeul.org

〈영상물〉

KBS, "세계로 한글로"(한글날 특집 방송), 1996년 10월 9일 방영.

MBC, "천년의 리더십 CEO 세종", 2005년 10월 9일 방영.

MBC(청주), "한글의 힘"(청주 MBC 창사 37주년 기념), 2007년 10월 26일 방영.

MBC, "한글, 잔포르트의 ☆이 되다"(한글날 특선 다큐멘터리), 2008년 10월 9일 방영.

〈영인본〉

서강대 인문 과학 연구소(1972), 『月印釋譜』 권 1·2, 서강 대학교.

세종 대왕 기념 사업회(2003), 『訓民正音(종합 영인)』, 세종 대왕 기념 사업회.

오옥진(2003), 『訓民正音』, 통문관.

이상백(1957), 『한글의 起源』, 통문관.

조선 어학 연구회 편(1940), 「訓民正音」, 『정음』 33, 조선 어학 연구회.

조선어 학회(1946), 『訓民正音』, 보진재.

조선어 학회(단기 4279), 『訓民正音』, 보진재.

한글 학회(1998), 『訓民正音』, 해성사.

〈단행본 및 논문〉

강만길(1977), '한글 창제의 역사적 의미', 『창작과 비평』 44호, 창작과 비평사.

강신항(1995), 『역주 훈민정음』(문고본), 신구 문화사.

고태규(2007), 『훈민정음과 작가들』, 널개.

공재석(1968), '한글 고전 기원설의 근거가 되는 기일성문설(起一成文說)', 『우리문화』 2, 우리 문화 연구회.

국립 국어원 편(2008), 『알기 쉽게 풀어 쓴 훈민정음』, 생각의 나무.

권재선(1988), 『국어학 발전사』, 우골탑.

권재선(1995), 『훈민정음 해석 연구』, 우골탑.

김동소(2003), 『중세 한국어 개설』, 한국 문화사.

김동진(2010), 『파란 눈의 한국혼, 헐버트』, 참 좋은 친구.

김무림(2004), 『국어의 역사』, 한국 문화사.

김미형(2005), 『우리말의 어제와 오늘』, 제이앤씨.

김봉좌(2010), 「조선 시대 유교 의례 관련 한글 문헌 연구」, 한국학 중앙 연구원 한국학 대학원 박사 학위 논문.

김석득(2009), 『우리말 연구사』, 태학사.

김슬옹(2005), 『조선 시대 언문의 제도적 사용 연구』, 한국 문화사.

김슬옹(2007), 『28자로 이룬 문자 혁명, 훈민정음』, 아이세움.

김슬옹(2009), 「한글 음절표 의미와 교육용 유형 설정」, 『한국어학』 44호, 한국어 학회.

김슬옹(2011), 『세종 대왕과 훈민정음학』, 지식 산업사.

김슬옹(2012), 『조선 시대의 훈민정음 발달사』, 역락.

김슬옹(2012), 「한글 우수성, 과학성, 독창성에 대한 통합 연구」, 『문법 교육』 16호, 문법 교육 학회.

김슬옹(2013), 「세종학의 필요성과 주요 특성」, 『한민족 문화 연구』 42호, 한민족 문화 학회.

김슬옹(2013), 『열린 눈으로 지식의 무지개를 펼쳐라』, 글누림.

김영환(2012), 『한글 철학』, 한국 학술 정보.

김윤경(1954), 『한국 문자급 (及) 어학사』, 동국문화사.

김정수(1990), 『한글의 역사와 미래』, 열화당.

김종택(1976), 「한글의 문자론적 위상──그 개선점을 중심으로」, 『한국어문논총』(우촌 강 복수 박사 회갑 기념 논문집),

김주원(2005), 「세계 기록 유산 훈민정음 1: 우리가 자랑할 수 있는 문화 유산」, 『대한 토목 학회지』 299호, 대한 토목 학회.

김주원(2005), 「세계 기록 유산 훈민정음 4: 훈민정음 해례본의 구성」, 『대한 토목 학회지』 302호, 대한 토목 학회.

려증동(1999), 「세종 대왕이 만든 배달 글자」, 『세종 성왕 육백 돌』, 세종 대왕 기념 사업 회.

맨, 존(Man, John)(2003), 남경태 역, 『세상을 바꾼 문자 알파벳』, 예지.

문효근(1993), 「훈민정음 제자 원리」, 『세종학 연구』 8호, 세종 대왕 기념 사업회.

박양춘(1998), 「외국에서 본 한글」, 『한글 새소식』 313호, 한글 학회.

박영준·시정곤·정주리·최경봉(2002), 『우리말의 수수께끼: 역사 속으로 떠나는 우리말 여행』, 김영사.

박영진(2005), 「훈민정음 해례본의 발견 경위에 대한 재고」, 『한글 새소식』 395호, 한글 학 회.

박종국(2007), 『훈민정음 종합 연구』, 세종 대왕 기념 사업회.

박종덕(2005), 「훈민정음 해례본의 원형과 유출 과정」, 『제37차 한국어 학회 전국 학술 대 회 논문집』, 한국어 학회.

박지홍(1984), 『풀이한 훈민정음: 연구·주석』, 과학사.

박창원(2005), 『훈민정음』, 신구 문화사.

반재원(2001), 『한글과 천문』, 한배달.

반재원·허정윤(2007), 『한글 창제 원리와 옛 글자 살려 쓰기: 한글 세계 공용화를 위한 선 결 과제』, 역락.

방종현(1946), 『훈민정음』, 진학 출판 협회.

백두현(2007), 「한글을 중심으로 본 조선 시대 사람들의 문자 생활」, 『서강 인문 논총』 22 집, 서강 대학교 인문 과학 연구소.

백두현(2009), 「훈민정음을 활용한 조선 시대의 인민 통치」, 『진단학보』 108호, 진단 학회.

백두현(2011), 『한글 편지로 본 조선 시대 선비의 삶』, 역락.

변정용(1996), 「한글의 과학성」, 『함께 여는 국어 교육』 29호, 전국 국어 교사 모임.

사재동(2010), 「훈민정음 창제·실용의 불교 문화학적 고찰」, 『국학 연구 논총』 5집, 택민 국학 연구원.

샘슨, G(Sampson, Geoffrey)(2000), 신상순 역, 『세계의 문자 체계』. 한국 문화사.

샘슨, G(Sampson, Geoffrey)(1995), 서재철 역, 「자질 문자 체계: 한국의 한글」, 『초등 국어 교육 논문집』 1, 강원 초등 국어 교육 학회.

서화숙(2012), 「서화숙의 만남: 아마추어 한글 연구가 박영규」, 『한국일보』 10월 7일 자, 한국일보사.

세종 대왕 기념 사업회 편(1987), 『세종대왕 연보』, 세종 대왕 기념 사업회.

안병희(2007), 『훈민정음 연구』, 서울 대학교 출판부.

우메다 히로유키梅田博之(2005), 「훈민정음의 문자론적 의의와 현대 일본 사회에서의 사용 실태」, 『제2회 한글 문화 정보화 포럼 자료(559돌 한글날 기념)』, 한글 인터넷 주소 추진 총연합회.

이극로(1932), 「훈민정음의 독특한 성음 관찰」, 『한글』 5호, 조선어 학회.

이극로(1941), 「"·" 음가를 밝힘」, 『한글』 83호, 조선어 학회.

이기문(2007), 「한글」, 『한국사 시민 강좌』 2집, 일조각.

이대로(2008), 『우리 말글 독립 운동 발자취』, 지식 산업사.

이대로(2010), 「세계에서 가장 먼저 한글로만 쓴 교과서 헐버트가 쓴 '스민필지'의 의미와 가치」, 『한국인보다 한글을 더 사랑한 미국인 헐버트』(한글 주간 2010 한글날 564돌 기념 학술대회 자료집), (사)헐버트 박사 기념 사업회.

이상규(2011), 『한글 고문서 연구』, 경진.

이상혁(1997), 「우리 말글 명칭의 역사적 변천과 의미」, 『한국어학의 이해와 전망』(일암 김웅모 교수 화갑 기념 논총), 박이정.

이상혁(2004), 『훈민정음과 국어 연구』, 역락.

이우성(1976), 「조선 왕조의 훈민정책과 정음의 기능」, 『진단 학보』 42호, 진단 학회.

이정호(1986), 『국문·영문 해설 역주 훈민정음』, 보진재.

이한우(2006), 『세종, 조선의 표준을 세우다』, 해냄 출판사.

이현희(1997), 「훈민정음」, 『새 국어 생활』 7권 4호, 국립 국어 연구원.

이혜숙(2005), 「디자인으로서의 한글과 다자이너로서의 세종」, 국민 대학교 석사 학위 논문.

임용기(1991), 「훈민정음의 삼분법 형성 과정」, 연세 대학교 박사 학위 논문.

정달영(2007), 「세종 시대의 어문 정책과 훈민정음 창제 목적」, 『한민족 문화 연구』 22호, 한민족 문화 학회.

정우영(2001), 「『훈민정음』 한문본의 낙장 복원에 대한 재론」, 『국어 국문학』 129호, 국어 국문 학회.

정우영(2005), 「훈민정음 언해본의 성립과 원본 재구」, 『국어국문학』 139호, 국어 국문 학회.

정희성(1989), 「수학적 구조로 본 훈민정음의 창제 원리」, 『1989년도 한글날 기념 학술 대회 논문집』, 한국 인지 과학회·정보 과학회.

정희성(1994), 「훈민정음의 창제 원리를 위한 과학 이론의 성립」, 『한글』 224호, 한글 학회.

조규태(2010), 『번역하고 풀이한 훈민정음(개정판)』, 한국 문화사.

조규태·정우영 외(2007), 「훈민정음 언해본 이본 조사 및 정본 제작 연구」, 『국어사 연구』 7호, 국어사 학회.

최기호(2002), 「신숙주의 『해동제국기』에 대한 고찰」, 『한힌샘 주시경 연구』 14·15호, 한글학회.

최명재(2011), 『훈민정음의 숨겨진 진실』, 한글 정음사.

최영선 편(2009), 『한글 창제 반대 상소의 진실』, 신정.

최종민(2003), 「훈민정음과 세종 악보의 상관성 연구」, 상명 대학교 박사 학위 논문.

최현배(1982), 『한글갈』, 정음 문화사.

한재준(1996), 「훈민정음에 나타난 한글의 디자인적 특성에 관한 연구」, 『디자인학 연구』 17호, 한국 디자인 학회.

한태동(2003), 『세종대의 음성학』, 연세 대학교 출판부.

홍기문(1946), 『정음발달사』, 서울 신문사 출판국.

홍윤표(2010), 「한글을 어떻게 배워 왔을까요?(국어학자 홍윤표의 한글 이야기 10)」, 『쉼표, 마침표.』 60호, 국립 국어원.

Bell, A.(1867), 『Visible Speech』, Knowledge Resources Inc.

Gelb, I. J.(1952·1963), *A Study of Writing*, University of Chicago Press.

Kim-Cho, Sek Yen.(2001), *The Korean Alphabet of 1446:Exposition. OPA. the Visible Speech Sounds. Annotated Translation. Future Applicability Hwun Min Ceng Um*, Humanity Books & AC Press(아세아문화사).

Ledyard, G. K.(1966), "*The Korean Language Reform of 1446: The Origin. Background. and Early History of the Korean Alphabet*," Ph.D. Dissertation. University of California.

Sasse, W.(2005), "Hangeul: Combining Traditional Philosophy and a Scientific Attitude", 『제2회 한글 문화 정보화 포럼 자료(559돌 한글날 기념)』, 한글 인터넷 주소 추진 총연합회.

Thomas, M.(2011), *King Sejong the Great(1397~1450)*, *Fifty Key Thinkers on Language and Linguistics*. London and New YorK: Routledge.

오구라 신페이小倉進平(1940), 『增訂補注朝鮮語學史』, 東京:刀江書院.